体育旅游

市场分析与培育之道

Sports
Tourism

Market Analysis and
Development Strategies

石芳芳 著

东北财经大学出版社 大连
Dongbei University of Finance & Economics Press

图书在版编目（CIP）数据

体育旅游：市场分析与培育之道 / 石芳芳著. 一大连：东北财经大学出版社，2023.3
ISBN 978-7-5654-4833-1

Ⅰ. 体… Ⅱ. 石… Ⅲ. 体育-旅游资源开发-研究-中国 Ⅳ. F592.3

中国国家版本馆CIP数据核字〔2023〕第080641号

东北财经大学出版社出版发行

大连市黑石礁尖山街217号　邮政编码　116025

网　　址：http://www.dufep.cn

读者信箱：dufep @ dufe.edu.cn

大连图腾彩色印刷有限公司印刷

幅面尺寸：170mm×240mm　字数：171千字　印张：12.25
2023年3月第1版　　　　2023年3月第1次印刷
责任编辑：刘东威　吉　扬　责任校对：刘贤恩
封面设计：原　皓　　　　版式设计：原　皓
定价：49.00元

前 言

　　体育和旅游都已成为目前世界上最受欢迎的休闲活动（Ritchie & Adair，2004）。国际经验显示，当人均GDP超过8 000美元时，体育产业将快速发展。2019年起，我国人均GDP超过1万美元，2021年达到了1.25万美元。随着我国经济和民众生活水平的进一步提升，休闲运动逐渐成为民众日常生活的重要组成部分。2022年北京冬奥会带动全国冰雪运动迅速升温。各地冰场、雪场、冰雪主题乐园客流量大幅增长，室内冰球、滑冰、滑雪等运动也蓬勃开展，这展示了体育赛事对体育运动推广的巨大作用。在很多地方，体育赛事正被越来越多的城市当作推动地方经济、促进当地旅游业发展的重要手段。比如，温布尔登网球公开赛、新奥尔良的超级碗和波士顿马拉松比赛，每年都吸引了不远千里前去观看或参加赛事的体育爱好者。这些体育赛事成为主办城市吸引力的一部分，同时也带来了巨大的经济效益。在2021年总人口只有6 732万人的英国，英格兰足球超级联赛在2021—2022赛季的现场观众就有1 500万人，收入达60亿英镑。由此可见，赛事旅游社会效益和经济效益显著。体育赛事不仅能够促进体育运动的普及，创造门票经济收入，还能够带动住宿、餐饮、零售、交通等相关产业的发展。

我国的体育旅游由于发展起步较晚，场地设施建设和配套服务都不够完善，民众对于体育旅游的消费意识和消费习惯也尚未成熟。以滑雪运动为例，目前我国滑雪人口约为1 500万人，仅占全国总人口约1%，人口渗透率不仅远低于欧美国家，也明显低于日本（9%）、韩国（6%）等亚洲国家。2020年以来，受新冠疫情影响，旅游经济受损严重。疫情一方面使消费者的风险意识提高，另一方面也让人们认识到了健康的重要性，而能够增强身体素质的休闲体育活动正好满足了消费者的健康需求。因此，发展体育旅游产业是启动旅游业复苏之路的首选。

2016年，国务院办公厅发布《关于加快发展健身休闲产业的指导意见》，指出要推进健身休闲与旅游、健康等产业融合互动，丰富产品和服务供给。同年，国家旅游局和国家体育总局联合印发《关于大力发展体育旅游的指导意见》，要求加快培育体育旅游消费市场，持续优化体育旅游供给体系。政策出台后，公共体育设施建设得到了快速发展。2017年体育产业公报显示，中国体育场馆、健身步道、体育公园等全民健身设施建设的增长达94.7%。然而，供给侧的进步并未完全激发出市场的活力，我国体育旅游消费的增长速度远远落后于体育投资的增长速度。为了进一步刺激体育消费，2019年9月17日，国务院办公厅发布了《关于促进全民健身和体育消费推动体育产业高质量发展的意见》，提出"促进体育消费，增强发展动力。鼓励各地采取灵活多样的市场化手段促进体育消费，丰富群众性体育赛事活动，优化参赛体验"。国家政策的扶持给体育旅游发展提供了良好的宏观环境，在这样的条件下，如何精准地激活市场、持续地培育市场，让体育旅游焕发生机，是当下面临的紧迫问题。

本书对体育旅游的理论、发展现状、市场特征、发展影响进行了梳理，通过实证研究分析了我国观赛型体育旅游和参与型体育旅游的消费者特征、消费限制因素、感知风险因素，根据心理发展图谱模型对体育旅游消费者进行了市场细分，并针对细分市场的需求提出了市场培育方案。

本书共有8章。第1章总述了体育旅游的内涵、类型、特点、起源、发展以及体育旅游发展对经济、社会、文化和环境的影响。第2章梳理了国内外体育赛事旅游和休闲体育旅游发展的现状，介绍了国际和国内的著名体育赛事和休闲体育旅游目的地。第3章重点关注了体育旅游者的特征，并介绍了和体育旅游消费相关的核心理论。第4章讨论了市场细分的方法和培育体育旅游市场的路径。第5章分析了辽宁省体育旅游发展的情况，包括发展体育旅游的条件、市场现状和存在的问题。第6章和第7章呈现了以半结构式访谈和问卷调查为基础的实证研究的结果。第6章以中国男子篮球职业联赛（CBA）为例考察了辽宁省体育赛事旅游市场，第7章以滑雪旅游为例考察了辽宁省休闲体育旅游市场。研究以心理发展图谱为依据对市场进行了细分，分析了细分市场的特征，剖析了各细分市场参与体育旅游的制约因素与感知风险，并提出了有针对性的市场培育策略。第8章为研究总结与未来展望。

石芳芳

2023年2月

目录

1 体育旅游概述

1.1 体育旅游的起源与发展

（1）早期体育旅游的萌芽

作为一种旅游形式，体育旅游具有悠久的历史。早在中国古代，就有了蹴鞠、捶丸、木射、摔跤、冰嬉等丰富多样的体育运动。《东京梦华录》里就记载了清明时节北宋汴梁城的郊外"举目则秋千巧笑，触处则蹴鞠疏狂"的景象。放眼世界历史，人们前往某地参加各种运动会的记载也曾出现在古希腊和古罗马的历史典籍中[①]。

现代意义上的体育旅游出现在现代旅游形成之后。18世纪末到19世纪末，欧洲城市化的进程加速，现代旅游和现代体育也在这一时期诞生。1857年，英国人成立的登山俱乐部被视为体育旅游的起源，这一组织为登山爱好者提供登山和旅游的服务[②]。此后，各国相继效仿，成

---

① HALL C M. Review adventure sport and health tourism ［A］//Weiler B ， Hall C M. Special Interest Tourism. London： Belhaven Press，1992.
② 刘志民.旅游与体育旅游概论［M］. 北京：人民体育出版社，2008.

立了许多类似的俱乐部，如滑雪俱乐部、自行车俱乐部以及徒步探险俱乐部等，这种结合了体育运动的旅游方式吸引了一大批忠实的参与者[①]。这些现象的出现和发展形成了体育旅游产业的萌芽。与此同时，随着工业化程度不断提高，观看体育赛事成为人们休闲时间必不可少的调剂，职业运动员和商业化赛事也在这一时期出现，吸引了大量观众。1896年在雅典召开的第一届现代夏季奥运会是世界竞技体育发展的里程碑。

（2）20世纪体育旅游的发展

20世纪初期，一些国家开始形成规模性的体育旅游产业。到20世纪中后期，随着第二次世界大战结束，西方国家的经济逐步复苏，休闲时间的增加让人们参与体育和旅游活动的意识也不断增强。这一时期，旅行服务质量不断提升，旅游消费快速扩张，旅游成为热门休闲娱乐活动。旅游业得到快速发展的同时，体育运动项目也逐渐在群众中得到普及。为了吸引更多的旅游人群，一些国家开始开发各种体育旅游项目，体育旅游的市场规模不断扩大[②]。1990年之后，一些欧洲国家开始建设高品质的体育旅游基础设施以吸引更多游客。英国国家旅游局在1991年公布的数据表明，该国以体育运动为出游主要目的的游客数占总游客数量的12%左右；1995年，体育旅游市场占英国家庭假日旅游市场的22%。从日本1993年的统计数据来看，34.2%的日本国内旅游者在旅游过程中参与了自己喜爱的体育活动。在项目种类方面，体育旅游涉及的运动项目不断丰富，美国1997年出版的 *Sports Market Place Directory* 一书中已收录了130余种适于开展体育旅游的运动项目[③]。

（3）当代体育旅游的成熟

随着体验经济的日渐成熟，体育旅游逐渐成为目的地发展战略的重要组成部分。2011年英国旅游年鉴数据显示，英国全年旅游收入达到227亿英镑，其中休闲体育旅游收入达到130亿英镑，占57.3%，比2010年增加了13%。根据《美国旅游卫星账户》，2013年美国体育旅游

---

① 张强，柳伯力.国内外体育旅游业发展概况 [J].四川体育科学，2003（2）：1-2.
② 韩忠培.中国体育旅游资源和体育旅游市场开发研究 [J].体育与科学，2005（3）：39-42.
③ 谭白英，邹蓉.体育旅游在中国的发展 [J].体育学刊，2002（3）：22-25.

产业贡献了 289 亿美元工业值。在德国，每年有 3 200 万人从事与体育旅游相关的活动，占德国出国旅游人数的 55%①。据统计，瑞士每年接待 1 500 万人次的滑雪旅游，滑雪产业带来的总收益达 70 亿美元，约占瑞士 GDP 的 30%，占瑞士旅游总收入的 60%②。《2021 年中国体育旅游产业发展趋势报告》显示，中国体育旅游市场的年均增速为 30%~40%，远超全球体育旅游市场 15% 的平均水平。2020 年全球体育旅游市场规模为 3 234.20 亿美元，预计到 2030 年将达到 18 037.04 亿美元，2021—2030 年复合增长率为 16.1%。

1.2 体育旅游的定义

体育旅游的定义是体育旅游理论体系的基本点和出发点，是研究问题的基础。Gibson、Attle 和 Yiannakis（1998）提出，体育旅游是人们为了参与或观看体育赛事而暂时离开常住地的旅游活动，包括主动体育旅游、赛事体育旅游和怀旧体育旅游，这也是目前学界广泛采用的定义。Hall（1992）将体育旅游定义为"出于非商业目的离开居住地参与或观看体育活动的行为"。Bull 和 Weed（2003）将体育旅游定义为能够为游客提供自主运动或观看赛事体验的特殊旅游。Gammon 和 Robinson（2003）认为，体育旅游是人们离开惯常居住环境，主动或被动参与竞技性或休闲性的体育活动的行为。与此类似，Higham 和 Hinch（2018）指出，体育旅游反映了体育运动的竞技性和休闲性，是消费者在一定的时间内外出参与体育运动的旅行活动。

相比欧美国家，我国有关体育旅游的研究起步较晚，很多学者从不同角度提出了体育旅游的定义。有些学者从经营角度对体育旅游进行定义，如汪德根等（2002）认为体育旅游是以相应的体育资源和设施为依托，以旅游商品的形式，为游客提供健身、娱乐、休闲、交际等相关服务一体化的经营性项目群③。与此类似，沈丽玲和应淑娟（2018）提

---

① 陈诚.国内外体育旅游发展现状及启示 [J]. 体育世界（学术版），2018（6）：48-49.
② 佚名.国际滑雪市场分析：全世界共有 1.2 亿滑雪人口 [EB/OL].［2015-06-02］.https://www.8264.com/viewnews-101198-page-1.html.
③ 汪德根，陆林，刘昌雪.体育旅游市场特征及产品开发 [J]. 旅游学刊，2002（1）：49-53.

出，体育旅游是以现场观看体育比赛、参与体验及观光游览为主要目的，以体育活动方式为主要内容，为了满足消费者休闲娱乐需求，为之提供相关商品与服务的商业经营活动，强调了相关资源对体育的重要性①。戴光全和杨丽娟（2005）提出，体育旅游是旅游者所进行的社会经济活动和文化活动的总和，通常需要依托各种体育资源，以一定的体育设施作为开展活动的条件②。这种对资源的关注也体现在宋杰等（2010）的定义中，即体育旅游是依赖旅游目的地的自然和人文环境，让游客在旅行过程中体验体育运动的一种社会文化活动③。还有一些学者从消费者动机的角度进行了定义，如于素梅（2007）认为体育旅游是旅游者较长时间离开生活地，以休闲、娱乐、健身、探险等为主要动机，以欣赏、观看或参与体育运动为主要形式，将旅游和体育作为活动主要目的的旅行游览活动④。与此类似，闵健（2002）将体育旅游定义为"人们以参与和观看体育运动为目的，或以运动为主要内容的一种旅游活动形式"⑤。2016年国家旅游局和国家体育总局联合印发的《关于大力发展体育旅游的指导意见》则从经济角度提出，体育旅游是旅游产业和体育产业深度融合的新兴产业形态，是以体育运动为核心，以现场观赛、参与体验及参观游览为主要形式，以满足健康娱乐、旅游休闲为目的，向大众提供相关产品和服务的一系列经济活动，涉及健身休闲、竞赛表演、装备制造、设施建设等业态。

综合以上对体育旅游定义的梳理可以看出，体育旅游结合了体育和旅游的双重属性，既有体育的技能性、规则性和健身性，也有旅游的异地性、同一性和审美性；同时，具有体育和旅游两种活动的经济性和社会性。

① 沈丽玲，应淑娟.体育旅游产业特征及发展策略 [J]. 当代体育科技，2018，8（28）：222；224.
② 戴光全，杨丽娟.体育旅游及其国外研究的最新进展 [J]. 桂林旅游高等专科学校学报，2005（1）：68-74.
③ 宋杰，孙庆祝，刘红建.基于WSR分析框架的体育旅游系统影响因素研究 [J]. 中国体育科技，2010，46（5）：139-145.
④ 于素梅.小康社会的体育旅游资源开发研究 [J]. 体育科学，2007（5）：23-35.
⑤ 闵健.体育旅游及其界定 [J]. 武汉体育学院学报，2002（6）：4-6.

1.3 体育旅游的类型及特点

为了更好地把握体育旅游的内涵，国内外学者依据不同标准对体育旅游进行了分类。Gibson（1998）将体育旅游划分为主动体育旅游（active sport tourism）、赛事体育旅游（event sport tourism）和怀旧体育旅游（nostalgia sport tourism）。主动体育旅游是指为了亲身参与体育活动而开展的旅行，赛事体育旅游是指为了观看体育赛事而进行的旅行，怀旧体育旅游则包括参观体育博物馆和运动场馆、乘坐体育主题的邮轮等旅游活动[①]。Standeven 和 Knop（1990）按照体育在假期中的比重将旅游假期划分为纯粹运动假期（pure sport holiday）、假期（vacation）和私人运动假期（private sport holiday）。纯粹运动假期是指旅游者假期的主要目的是参与运动；假期则是指并不以运动为主要目的的假期，但游客在假期中依然会使用运动设施；而私人运动假期则是指旅游者非正式、偶发性地参与运动的假期。从体育旅游客体的角度出发，Kurtzman 和 Zauhar（2003）将体育旅游产品划分为体育旅游吸引物（sport tourism attractions）、体育旅游度假村（sport tourism resorts）、体育旅游线路（sport tourism tours）、体育旅游赛事（sport tourism events）和体育旅游邮轮（sport tourism cruises）。另外，Hall（1992）按照旅游形式将体育旅游划分为"参观型""参与型""食宿型""当日往返型"。

国内学者也依据不同标准对体育旅游进行了分类研究。汪德根等（2002）将体育旅游划分为休闲体育旅游、健身体育旅游、体育观战旅游、刺激体育旅游、竞技体育旅游和其他体育旅游[②]。与此类似，杨秀丽、杨松（2003）将体育旅游分为休闲体育旅游、健身体育旅游、体育观赏旅游、极限竞技体育旅游和其他体育旅游[③]。邓凤

---

① Gibson H J. Sport tourism: a critical analysis of research [J]. Sport Management Review, 1998, 1 (1): 45-76.
② 汪德根，陆林，刘昌雪.体育旅游市场特征及产品开发 [J]. 旅游学刊，2002 (1)：49-53.
③ 杨秀丽，杨松.体育旅游市场的发展对体育旅游专业人才的要求 [J]. 沈阳体育学院学报，2003 (4)：34-35.

莲等（2006）在汪德根等（2002）的基础上将体育旅游的类型进一步细化，认为体育旅游可以被分为以下几类：休闲体育旅游、健身体育旅游、刺激体育旅游、野战体育旅游、节庆体育旅游、竞技体育旅游、观光型体育旅游[1]。李勇（2004）将体育旅游划分为健身类、强身类和观赏类三种类型，强调旅游活动的体育性[2]。杨赳赳（2004）将体育旅游划分为参与性体育旅游和非参与性体育旅游[3]。徐连进（2006）将民族体育活动引入分类，发展出休闲体育旅游、健康体育旅游、体育观赏旅游、刺激体育旅游、度假型体育旅游、娱乐休闲型体育旅游、观光型体育旅游、民族体育旅游的划分方法[4]。李天元、陈家刚（2006）从游客需求的角度出发，将体育旅游类型划分为观看比赛型体育旅游、亲身参与型体育旅游和文化体验型体育旅游[5]。表1-1对上述分类进行了整理。

表1-1　　　　　　　　　　　　体育旅游种类的划分

作者	划分类型
Gibson（1998）	主动体育旅游（active sport tourism）、赛事体育旅游（event sport tourism）和怀旧体育旅游（nostalgia sport tourism）
Standeven 和 Knop（1990）	纯粹运动假期（pure sport holiday）、假期（vacation）和私人运动假期（private sport holiday）
Kurtzman 和 Zauhar（2003）	体育旅游吸引物（sport tourism attractions）、体育旅游度假村（sport tourism resorts）、体育旅游线路（sport tourism tours）、体育旅游赛事（sport tourism events）和体育旅游邮轮（sport tourism cruises）
Hall（1992）	"参观型""参与型""食宿型""当日往返型"

---

① 邓凤莲，于素梅，武胜奇.我国体育旅游资源开发的支持系统与影响因素 [J]. 上海体育学院学报，2006（2）：35-40.
② 李勇.试论发展我国体育旅游的对策 [J]. 武汉理工大学学报（信息与管理工程版），2004（2）：127-129；134.
③ 杨赳赳.我国体育旅游发展的现状及对策 [J]. 湖南人文科技学院学报，2004（4）：34-35；90.
④ 徐连进.体育旅游初探 [J]. 体育科技文献通报，2006（4）：43-44.
⑤ 李天元，陈家刚.体育旅游资源开发及营销 [J]. 旅游科学，2006（6）：41-45.

续表

作者	划分类型
汪德根等（2002）	休闲体育旅游、健身体育旅游、体育观战旅游、刺激体育旅游、竞技体育旅游和其他体育旅游
杨秀丽、杨松（2003）	休闲体育旅游、健身体育旅游、体育观赏旅游、极限竞技体育旅游和其他体育旅游
李勇（2004）	健身类、强身类和观赏类
杨起起（2004）	参与性体育旅游和非参与性体育旅游
邓凤莲等（2006）	休闲体育旅游、健身体育旅游、刺激体育旅游、野战体育旅游、节庆体育旅游、竞技体育旅游、观光型体育旅游
徐连进（2006）	休闲体育旅游、健康体育旅游、体育观赏旅游、刺激体育旅游、度假型体育旅游、娱乐休闲型体育旅游、观光型体育旅游、民族体育旅游
李天元、陈家刚（2006）	观看比赛型体育旅游、亲身参与型体育旅游和文化体验型体育旅游

从体育旅游分类的文献综述可以看出，学界普遍认可的分类方式是将体育旅游划分为主动、动态的参与型和被动、静态的观赏型两类。因此，本研究将体育旅游划分为参与型体育旅游和观赏型体育旅游。

1.3.1　参与型体育旅游

参与型体育旅游是指体育旅游者亲身参与到特定形式的体育活动中，以满足游客健身锻炼、休闲娱乐的旅游需求。常见的参与型体育旅游形式有冲浪、滑雪、登山、高尔夫、多种形式的探险旅游和极限旅游等。下面将介绍三种参与型体育旅游，即参赛游、休闲健身游和体育探险游。

参赛游是指旅游者为了到目的地作为选手参与体育比赛而离开惯常居住地到赛事举办地进行的旅游活动。马拉松、高尔夫、滑雪、赛马、自行车等都是受欢迎的体育赛事。比如，厦门马拉松自2003年创办以来参赛人数已超过72万人次[①]。

休闲健身游是以体育运动为载体、以参与体验为主要形式、以促进身心健康为目的而开展的休闲体育旅游活动[②]。休闲健身游涉及的体育活动有滑雪、爬山、潜水、冲浪、沙滩排球等。

体育探险游是户外旅游的一个细分领域，其区别于传统户外旅游的特征是融入了探险运动元素。体育探险游可分为硬探险旅游和软探险旅游。硬探险旅游强度更大，难度更大，危险更多，需要一定的专业设备或装置才能进行，如高峰攀登、深海潜水、极地徒步等。软探险旅游难度更小，危险更少，需要的设备也更少，比如荒野徒步、沙漠探险和洞穴探险等。

1.3.2　观赏型体育旅游

观赏型体育旅游是指体育旅游者以观赏体育赛事或活动、参观体育场馆或体育场所为目的的旅游类型。观赏型体育旅游包括观赛游、体育表演观赏游和体育景观观赏游。

观赛游是以观看、欣赏体育比赛为主要目的的旅游活动，如足球世界杯、奥运会、NBA等。体育表演观赏游以舞龙、舞狮、武术、龙舟、高跷、摔跤等民俗体育表演为主，主要分布在云南、贵州、湖南、山东、内蒙古等省区。体育景观观赏游是指观赏、游览体育活动场馆设施或以体育为主题的有形实物，如参观奥运会比赛场馆（如图1-1所示）、中国武术博物馆、NBA名人堂等。

---

① 清华体育产业研究中心.厦马20年，彰显奔跑背后的产业力量 [EB/OL].[2022-11-29]. https://mp.weixin.qq.com/s/OPQoHcr4UdSSIXEz58G75A.
② 国务院办公厅.国务院办公厅关于加快发展健身休闲产业的指导意见 [EB/OL].[2016-10-28]. http://www.gov.cn/zhengce/content/2016/10/28/content_5125475.htm.

图 1-1　第 29 届北京奥运会主体育场：国家体育场（鸟巢）

图片来源：佚名.鸟巢［EB/OL］.［2023-02-05］. https://www.zcool.com.cn/
work/ZMzc5MjkxODg=.html.

还有一些体育旅游活动，综合了观赏性和参与性的特点，让旅游者
能够在欣赏某项体育活动的同时参与其中。民族传统体育文化游是比较
受欢迎的综合体育旅游产品，具有高度的参与性和观赏性①。例如，每
年农历六月二十四日是彝族的传统节日火把节，人们穿着色彩鲜艳的服
装，击鼓唱歌，从四面八方聚集在一起，举行赛马、摔跤、斗牛、射箭
等体育比赛和表演。此外，傣族泼水节、侗族摔跤节、苗族赶秋节、高
山族丰年祭、回族花儿节、汉族龙舟赛、潍坊风筝节等传统节日都具有
很强的参与性和观赏性。

1.4　体育旅游资源

体育旅游资源是进行体育旅游活动的基础，也是体育旅游开发研究
的起点。旅游资源是位于目的地可供组织在旅游经济活动中使用的任何

---

①　徐力.让民族传统体育兴旺起来［EB/OL］.［2022-08-09］. http://opinion.people.
com.cn/n1/2022/0809/c1003-32497642.html.

投入（Mackellar and Nisbet，2017）。体育旅游资源是指进行体育活动所需的场地、基础设施和外部物理环境[1]，包括自然、人文、体育等资源[2]。体育旅游资源丰富多样，可以根据不同标准进行分类。尹德涛和夏学英（2007）基于空间分类，将体育旅游资源分为陆地类、水上类以及空中类[3]。宛霞和邵凯（2011）认为不同色系会给游客带来不同的记忆，按照颜色将体育旅游资源分成了绿色、蓝色、白色、红色、黄色五种类型[4]。胡冬临（2014）将体育旅游资源分为资源型、市场型和赛事型[5]。邓道全和罗文清（2018）从开发的角度将其分为五大类：地文景观类、水域风光类、赛事节庆类、民俗风情类及乡村体验类[6]。刘佃泉等（2022）依据游客参与程度将体育旅游资源划分为参与型体育旅游资源和观赏型体育旅游资源[7]。表1-2对体育旅游资源的分类进行了梳理。

表1-2　　　　　　　　　　　　**体育旅游资源分类表**

作者	划分种类	示例
尹德涛、夏学英	陆地类	露营、沙滩足球、登山等活动需要依托的陆地资源
	水上类	冲浪、滑雪、海钓等活动需要依托的水上资源
	空中类	滑翔、热气球等活动需要依托的空中资源
宛霞、邵凯	绿色	象征自然生态，例如登山、踏青
	蓝色	依托海洋和天空，例如冲浪、滑翔伞
	白色	冬季项目和游戏，例如溜冰、滑雪
	红色	代表中华民族和传统文化的民族体育旅游资源，例如蒙古族的骑射

① 于素梅.体育旅游的内涵及可持续发展研究 [J].解放军体育学院学报，2005（1）：32-34.
② 宛霞.体育旅游资源分类新论 [J].体育文化导刊，2012（7）：86-89.
③ 尹德涛，夏学英.体育旅游与体育旅游资源分类研究 [J].商业时代，2007（11）：2.
④ 宛霞，邵凯.色系视角下体育旅游资源分类新论 [C] //2011第九届全国体育科学大会论文摘要汇编（1）. [出版者不详]，2011：377-378.
⑤ 胡冬临.我国体育旅游资源开发分析 [J].体育文化导刊，2014（11）：92-94；134.
⑥ 邓道全，罗文清.昭通市体育旅游资源调查及分类研究 [J].旅游纵览（下半月），2018（14）：115.
⑦ 刘佃泉，吴殷，李海，等.体育旅游资源的分类与评价研究 [J].南京体育学院学报，2022，21（2）：47-56.

续表

作者	划分种类	示例
	黄色	专为高层人士提供，例如高尔夫运动、游艇、太空旅游
胡冬临	资源型	端午节划龙舟比赛
	市场型	城市体育游乐设施，如室内攀岩、滑冰场等
	赛事型	奥运会、篮球赛
邓道全、罗文清	地文景观类	山地等自然资源，可以开展登山、攀岩等项目
	水域风光类	江河瀑布等水域资源，可以开展划龙舟、皮划艇等项目
	赛事节庆类	体育赛事，例如马拉松
	民俗风情类	少数民族活动，例如彝族的摔跤、赛马
	乡村体验类	依托乡村可以开展的露营、徒步等项目
刘佃泉等	参与型	可以为体育运动项目体验和竞技提供空间场所的资源，例如滑雪场
	观赏型	可供游客观看、欣赏和参观的体育资源，例如体育赛事、体育场馆等

1.5 体育旅游的影响

1.5.1 经济影响

体育旅游可以作为一种促进经济增长的手段，通过吸引投资、促进旅游消费和带动服务业发展等方式为目的地带来经济价值。体育旅游能够为全产业链带来经济效益，使得上下游形成利益共同体。对于产业链上游而言，体育旅游产业能够带动体育旅游制造业发展，促进体育场馆等基础设施的更新和迭代；对于产业链下游而言，体育旅游产品开发有利于促进体育教育培训、体育旅游服务等行业的兴盛，为消费者带来更好的服务。

从城市影响力方面而言，奥运会、世界杯等国际大型赛事是目的地吸引公众和媒体关注的营销工具，能够在很大程度上提高主办地的国内和国际声誉。Hemmonsbey 和 Tichaawa（2019）的研究证实，体育赛事可以带来现实的旅游效益，包括目的地品牌推广、目的地形象提升，从而促进国际旅行次数增长，增加就业机会和对外贸易额等。作为一项重要旅游吸引物，体育赛事会大大增加举办地的游客数量与停留时长，在赛事举办期间，游客在短时间内的聚集消费能够极大程度地增加当地经济收入。Agrusa 等（2009）通过对美国檀香山马拉松赛的研究发现，2007 年马拉松赛总计为夏威夷州贡献了约 1.08 亿美元的经济收益与大约 370 万美元的税收。除游客消费带来的经济收入外，体育赛事蕴含的巨大商机也会吸引更多企业到举办地投资，增加商品和服务的种类，丰富消费者的消费选择，有效带动当地居民消费（Solberg et al.，2007）。

体育赛事举办之后也依然对城市品牌和市区旅游有不小的带动效应[1]。Weed（2006）对美国盐湖城冬奥会的研究发现，赛后有更多国内外的滑雪爱好者访问盐湖城，酒店入住率不断上升，客房数量比申办奥运会之前增加了 64%。周晓丽和马小明的研究显示，国际体育赛事能够提升举办地知名度、增加就业机会、优化目的地的基础设施，并在一定程度上提高旅游企业的服务质量[2]。此外，Gaudette 等（2017）发现，体育赛事也可以作为城市更新和发展的媒介，创造新的服务业机会和商业机会。同时，国际体育赛事旅游在增加国家外汇收入、平衡国际收支、吸收国外投资、缓解就业压力等方面也发挥了重大作用[3]。

不同级别的体育赛事带来的经济效应也不同。Fourie 等（2011）指出，平均来看，大型国际体育赛事会在当年给举办地增加约 8% 的游客

---

① 吴频波.承办标志性体育赛事对城市旅游经济发展的影响研究 [J]. 经济师，2022（10）：239-240.
② 周晓丽，马小明.国际体育赛事对举办城市旅游经济影响实证分析 [J]. 经济问题探索，2017（9）：38-45.
③ 韩鲁安，崔继安，和平，等.体育旅游对国民经济和社会发展的作用 [J]. 天津体育学院学报，2000（2）：42-44.

数量，但实际经济收益的多少和长期影响却因赛事类型、举办地自身情况和赛事是否在旅游旺季举办等因素而不同。大型国际赛事知名度高、品牌效应明显，能够吸引更多国际资本，带动国家间经济流动循环（Giampiccoli et al.，2015），但由于次数有限，其影响往往局限在筹备与举办的一段时间内。与之相比，小型体育赛事通常定期举办，具有更持续的影响力，对于当地的带动效应也更为明显（Kaplanidou et al.，2012）。

与此同时，体育赛事旅游也会给举办地经济带来负面影响。首先是高昂的筹备成本。举办体育赛事，特别是国际性体育赛事，需要举办方在场馆建设、配套设施、人员配置等方面投入大量资金，高昂的建设成本增加了政府的财政负担，进而增加了国内居民的税收负担（Deccio et al.，2002），特别是对于基础设施薄弱的发展中国家，需要在筹备期投入巨额的公共资金用以建设满足国际标准的体育设施（Wan et al.，2019）。以1976年举办的蒙特利尔奥运会为例，其支出的费用需要政府用几十年的时间才能偿还完。其次，大型赛事举办过后，一些主要赛事场馆由于缺乏使用被长期闲置导致老化，在其老化后还需要大笔维修费用。Daniels（2007）认为虽然体育旅游能够促进主办地经济水平的提高，但也导致了主办地周边地区的边缘化，造成区域经济发展的不均衡。Duignan和Pappalepore（2019）也发现，由于安全管控等原因，游客活动和消费只集中在赛事场馆附近，而周边其他地区的企业和小商贩则很难实际受益。同时，举办大型活动还会导致商品和服务的价格上涨，给当地居民带来经济负担（Deccio and Baloglu，2002）。

1.5.2 社会文化影响

体育旅游发展的社会影响不容忽视。一方面，民众参与体育旅游可以强身健体，有利于身心健康，提高生活质量[1]。另一方面，体育旅游发展能够提高公民自豪感，增加社会资本，提升目的地形象（Mair and Duffy，2018；Storm and Jakobsen，2020）。作为大众共同参与的社会休

---

[1] 李祝青.体育旅游对国民经济和社会发展的价值探究［J］.体育世界（学术版），2018（6）：52-53.

闲活动，体育旅游可以为居民提供相互交流的平台，提高居民的民族认同感，增进社会团结（Gibson et al.，2014）。Shone（2013）发现举办体育赛事能够促进社区凝聚力，增强社区特色以及促进相互理解。此外，大型活动中的志愿服务对促进后续志愿服务持续发展有着积极意义（Fairley and Tyler，2009）。图1-2为2022年北京冬奥会志愿者。

图1-2　2022年北京冬奥会志愿者

图片来源：澎湃新闻.他们是北京冬奥会志愿者，他们和中国有个约定［EB/OL］．［2020-01-09］．https：//ishare.ifeng.com/c/s/7t5juLUg2V8．

体育旅游是游客了解目的地文化的一种有效方式。Balduck等（2011）认为，旅游产生的文化影响是长期性的，包括人们的行为方式、生活方式、文化传统和价值观的变化。大型体育赛事，如奥运会、世界杯等，从申办之初到筹备举办，主办方的国际知名度和影响力会显著提升。同时，赛事期间世界各国运动员和观众也会对举办城市的本土文化和社会习俗有更进一步的了解。González-García等（2018）发现，体育旅游活动提升了居民的身份和文化认同，并促进了居民和游客之间的文化交流。与此类似，唐晓彤（2007）的研究也证明，综合性的大型体育比赛提供了世界各国文化交流的平台，促进了东西方传统文化的交流，推动了城市文化的发展①。Cho等（2012）在针对1988年汉城奥运会的研究中发现，由于奥运会的举办，本土文化和价值观得到了更深入的挖掘，文化特性更加显著，本国文化以赛事为载体在世界传播，本国民众的文化认同感和民族自豪感也随之增强（Kim et al.，2004）。

尽管有这些好处，Chien等（2012）发现举办大型活动需要当地居民付出很大代价。大型体育赛事的举办可能会导致城市交通拥堵、噪声增加、空气污染等问题，赛事期间外来消费者的大量流入还有可能抬高物价和房价，导致当地居民生活成本上升，生活质量下降②。同时，跨文化交流并不都是顺畅、成功的。Fairley和Tyler（2009）的研究发现，参与团体体育旅行的学生往往留在他们本土文化的环境泡沫之中，这在一定程度上导致了他们与东道国文化的隔离。另外，当来自不同文化背景的人们进行互动时，他们所属的不同文化和信仰体系可能对于相同的行为有着截然不同的解释，这就会给人们之间的交流带来误解，造成文化冲突。同时，游客大量涌入加速了文化全球化，体育活动呈现出同质化的趋势，给民族传统文化带来威胁③。

了解体育旅游的社会文化影响以及居民对这些影响的态度是合理规划体育旅游发展的先决条件。Ohmann等（2006）调查了2006年足球世界杯期间慕尼黑居民对体育赛事影响的看法。结果显示，居民对举办此次活动持有积极的态度，他们认为世界杯增加了社区意识、活动经验和社会安全感，提高了城市规划的合理性，促进了基础设施的改善。居民感知到世界杯带来最大的负面影响是活动期间的噪声，而其他社会问题，例如犯罪增加、不良粉丝行为、当地居民流离失所等在世界杯期间并不明显。Bull和Lovell（2007）的一项研究探讨了坎特伯雷居民对2007年环法自行车赛的看法，结果显示，居民普遍对举办巡回赛的影响持积极态度，认为提升了坎特伯雷的旅游目的地形象和促进了当地经济发展；相比之下，人们对相关的社会影响，如提振社区精神，远没有那么重视。

① 唐晓彤.大型国际体育赛事对社会发展的波及效应［J］.广州体育学院学报，2007（1）：26-28.
② 盘梅红.国外大型体育赛事社会影响研究综述及启示［D］.广州：广州体育学院，2022.
③ 莫再美、李荣源.关于体育旅游负面效应的思考［J］.体育科技，2008（1）：13-15；18.

1.5.3 环境影响

体育旅游对环境的影响也日益成为人们关注的话题。体育赛事，尤其是那些依赖自然环境的体育赛事，很容易扰乱敏感的生态系统，给自然环境带来负面影响。李晓莉等（2007）研究发现，在筹备阿尔贝维尔冬奥会期间，法国有30万公顷的森林遭到毁坏，这对当地生态环境造成了重大危机，许多生物种类减少，动物流离失所①。在赢得2012年奥运会主办权后，英国文化、媒体和体育部委托普华永道会计师事务所对伦敦奥运会的环境影响进行评估。评估结果表明，在施工阶段可以预见的负面影响包括空气质量恶化、土壤和地下水污染增加以及现有生态系统的破坏。而在奥运会期间，当地交通系统需要承载数十万名运动员、官员、媒体记者和观众，这将会导致严重的拥堵和污染。

同时，体育赛事对环境也有积极的影响。Deccio和Baloglu（2002）指出，大型体育赛事的举办可以对当地的自然环境和文化遗产起到保护作用。Konstantaki和Wickens（2010）认为，2000年悉尼奥运会证明了奥运会这类大型体育赛事在环境管理上的可行性，组委会对悉尼奥运会可能产生的环境影响进行了精心规划，严格按照节约能源和水资源、减少垃圾、保护人类健康和自然环境的准则进行，给环境带来了积极的影响。由此可见，在体育旅游产业开发过程中需要制定和实施适当的环境管理准则，科学规划体育旅游活动的流程，以取得最优化的环境效益。

---

① 李晓莉，文吉.2010年广州亚运会旅游的战略地位与应对策略［J］. 广州大学学报（社会科学版），2007（4）：27-30.

2 国内外体育旅游发展现状

2022 年全球体育旅游市场价值总计 5 878.7 亿美元，预计 2023—2030 年间将以 17.5% 的年增长率持续增长（Grand View Research，2023）。从市场份额来看，欧洲的体育旅游市场处在领先地位，体育旅游收益占全球总数的 38.01%。德国、法国和英国是欧洲最大的体育旅游市场，其他欧洲国家如奥地利、丹麦、芬兰和西班牙，虽然人口总数较少，但国民参与体育旅游的频率更高。亚太地区的体育旅游市场预计在 2023—2030 年间增速为 18%，中国和印度是增长的主力。

根据《2022 年中国体育旅游行业研究》，中国 2021 年体育旅游行业市场规模已达到 12 718.8 亿元，并预计在 2026 年达到 38 814.5 亿元。目前中国体育旅游占旅游市场比重约 5%，和 15% 的世界平均水平差距很大。近年来国家陆续颁布了多个政策促进体育产业发展。2014 年 10 月，《关于加快发展体育产业促进体育消费的若干意见》出炉，给体育产业带来了第一波春天。2016 年 12 月，国家旅游局、国家体育总局颁布了《关于大力发展体育旅游的指导意见》，把体育旅游推到了一个新高度。相关政策的出台，促进了公共体育设施的快速发展。2017 年体育产业公报显示，中国体育场馆、健身步道、体育公园等全民健身设施建设的增长达94.7%。

政策的支持、政府对体育公共设施的投入、中产阶级规模的壮大、可支配收入的增加和体育赛事产业的繁荣都为体育旅游的发展创造了积极条件。然而，2020年的新冠疫情给体育旅游产业带来了重创，很多体育赛事不得不取消或者改期。自2022年疫情逐步好转后，各国管控政策逐步放开，体育旅游产业展示出了很强的韧性。本章将重点介绍国际和国内体育赛事旅游和休闲体育旅游的发展状况，以及著名的体育赛事和体育旅游目的地。

2.1 体育赛事旅游发展现状

2.1.1 国际体育赛事旅游发展状况

近年来，各项体育赛事的热度逐年升高，吸引了许多消费者前往举办地观赛，与体育赛事有关的旅游度假越来越受到消费者的喜爱，体育赛事旅游在旅游业中的贡献率不断上升，在欧美已形成较大的市场。德国每年有近3 200万人参与体育赛事有关的旅游活动，占该国出境游人数的55%。荷兰和法国出境参与体育旅游的人数分别为700万人和350万人，分别占两国出境游人数的52%和23%[①]。

Cohn和Wolfe在2020年发布了"体育城市排名榜单"。榜单显示，全球最佳体育城市的前五名为纽约、伦敦、巴黎、洛杉矶和洛桑。2022年，国际体育经济学会发布了全球体育城市指数，从体育历史传统、赛事影响力、媒体传播力、职业体育影响力等方面对2021年全球知名体育城市进行了综合评价。排名前三的城市为东京、伦敦和洛杉矶，纽约、巴黎、芝加哥、柏林、悉尼、墨尔本和洛桑位居其后，共同入选全球体育城市的前十名。

就体育赛事产业而言，美国是世界上运营体育赛事收益最高的国

---

① 钱勇刚. 体育赛事旅游开发研究 [D] 泉州：华侨大学，2008.

家。职业体育联赛给美国带来了巨大的经济效益。Ehrlich 和 Ghimire（2021）表示，2007—2019 年，美国职业橄榄球大联盟、美国职业棒球大联盟、美国国家篮球协会和美国全国曲棍球联合会的平均收入分别为3.17 亿美元、2.45 亿美元、1.67 亿美元和 1.22 亿美元，这些联盟在全球范围内的总收入是同类联赛中最高的[1]。美国体育赛事旅游产业将体育赛事、民众休闲娱乐和商业运营紧密结合，不仅吸引了大量的观众来到赛事现场观赛，带动交通、餐饮、住宿、零售等行业的消费，同时还吸引了大量的线上观众，通过转播费、广告费获取收益，这些都促进了经济的发展[2]。

体育赛事是经济发展的催化剂，被许多城市和地区用于目的地营销。大型体育赛事的举办已然成为衡量城市现代化的重要标准之一。承办大型体育赛事活动不仅能够整合城市资源、拓展城市发展空间，还能展现城市形象、促进城市现代化转型。下一节将介绍一些著名的国际体育赛事和体育旅游目的地。

2.1.2　著名国际体育赛事和体育旅游目的地介绍

（1）奥林匹克运动会（Olympic Games）

奥林匹克运动会，简称奥运会，是世界上规模最大、影响力最强的综合性运动会，每四年举办一届，是促进人们参与体育运动和文化交流的体育盛事。奥运会起源于古希腊。法国人顾拜旦于 19 世纪末提出了举办现代奥林匹克运动会的倡议。1894 年，国际奥林匹克委员会正式成立。1896 年，希腊雅典举办了首届现代奥运会。截至 2022 年，已有23 个国家、41 个城市举办过奥运会。

举办奥运会能够给主办地带来巨大的经济和社会效益。2012 年 7—8 月，第 30 届夏季奥运会在英国伦敦举办（如图 2-1 所示）。据统计，2012 年第三季度英国国内生产总值增长了 1%。伦敦奥运会和残奥会对英国的就业、旅游和交通均有促进作用，让英国从持续低迷的经济衰退

---

① 鲍瑶. 体育赛事对举办地体育旅游影响的研究 [D]. 桂林：广西师范学院，2015.
② 鲍瑶. 体育赛事对举办地体育旅游影响的研究 [D]. 桂林：广西师范学院，2015.

期中走了出来①。在奥运会期间，英国各地的交通和运输企业为 75 000
人提供了工作机会②。伦敦奥运会吸引了大量游客，促进了英国旅游业
的发展。奥运会期间去伦敦观看比赛的入境游人数约为 35 万，他们中
有来自世界各地参加比赛的运动员、教练员、随队工作人员以及记者，
运动员的支持者和海内外观众，还有奥运会旅行团。伦敦奥运会的举办
大幅增加了旅游业的外汇收入，并迅速提升了英国的旅游品牌形象。
2012 年，英国旅游消费总额再创纪录，达 186 亿英镑，较 2011 年增长
了 4%③。

图 2-1　2012 年英国伦敦奥运会

图片来源：佚名. 2012 London Summer Olympics—a shining example of
sustainability ［EB/OL］.［2022-08-15］. https：//www. greencitytimes. com/2012-
london-summer-olympics/.

为了让奥运会能够发挥持久的积极作用，2008 年，英国政府推出
了《2012 年伦敦奥运会和残奥会遗产计划》。计划通过以下四个方面充
分利用赛事为英国服务：一是利用英国民众对奥运会的热情促使民众

---

① 甄宇. 从"提振效应"和"低谷效应"看奥运会的经济影响［J］. 重庆科技学院学
报（社会科学版），2013，190（3）：84-86.
② 王斌，陈崴. 2012 伦敦奥运会对英国经济和旅游业的影响［J］. 金融经济，2011，
354（24）：32-33.
③ UK Trade & Investment and Department for Business，Innovation & Skills. Turning the
Games into gold：government announces almost £10 billion economic boost from London 2012 ［EB/
OL］.［2022-07-19］. https：//www. gov. uk/government/news/turning-the-games-into-gold-
government-announces-almost-10-billion-economic-boost-from-london-2012.

（尤其是年轻人）参与体育运动，鼓励全国人民加强体育锻炼；二是抓住主办奥运会的契机促进经济增长；三是通过奥运会增加社区和社会各团体参与公共事务；四是确保奥运会之后奥林匹克公园能够成为东伦敦复兴的助推剂。伦敦奥运遗产计划涵盖了伊丽莎白女王奥林匹克公园、HereEast 和 Plexal 区域、东岸项目以及邻近的斯特拉福德的伦敦国际园区等地。这些地方吸引了数以万计的科技、创意和汽车等相关企业入驻。在 2012 年伦敦奥运会遗产计划的支持下，伦敦东区在零售和节事活动等领域得到了进一步的投资。其中，Westfield 公司向该地区投资17.5 亿英镑，在其旗舰购物区创造了超过 10 000 个就业机会；伦敦体育场通过承接世界级的体育赛事也获得了额外的收入，如 2017 年世界田径锦标赛带来了 1.07 亿英镑的收入，承办美国职业棒球大联盟的海外比赛创收 3 700 万英镑。2012 年伦敦奥运会留给这个国家的最大财富是增强了国民的体育锻炼意识。与 2005 年英国成功申奥之初时相比，目前在英国每周至少参加一次体育活动的人数增加了 140 万[①]。

（2）国际足联世界杯（FIFA World Cup）

国际足联世界杯，通常被人们简称为"世界杯"，是具有世界级影响力的足球赛事，每四年举办一次。国际足联第一任主席法国人罗贝尔·盖兰在 1904 年提出了举办世界杯的想法，但并未得到很多国家的积极响应。1927 年国际足联通过了举办世界杯的议案。1930 年第 1 届世界杯在乌拉圭首都蒙得维的亚举行，有 13 支球队参加。2022 年第 22 届世界杯有 32 支来自国际足联会员国和地区的球队参加。

世界杯可以为主办国带来长期的经济和社会收益。对城市来说，举办世界杯通常需要建设体育场馆，并对周边的交通和住宿设施进行相应整改。这些为比赛而投资建设的基础设施将长时间地在城市内继续发挥作用，为市民的生活与娱乐带来极大便利。赛事举办期间，除了门票和广告收入，交通、餐饮、零售和旅游业也将得到极大发展。值得一提的是，举办国际体育赛事，不仅可以增强国民的荣誉感和使命感，还可以提升国家形象与国际竞争力。举办城市将会因此获得更高的国际知名

① International Olympic Committee. London 2012: engaging, inspiring and transforming [EB/OL]. [2022-08-03]. https://olympics.com/ioc/legacy/london-2012/london-2012-engaging-inspiring-and-transforming.

度，吸引更多的国际游客。

2022年第22届世界杯在卡塔尔举办（如图2-2所示）。卡塔尔世界杯共计花费2 200亿美元，其中，用于新体育馆建设的只有100亿美元，其余的2 100亿美元主要用于道路、桥梁、机场及通信服务业等基础设施建设。这些基础设施建设都是长期投资，惠及民生，为国家经济发展助力。这次世界杯期间，共有来自全球各地的140多万名球迷来到卡塔尔，现场观看世界杯的比赛。除了观看比赛，球迷们也纷纷参与到一系列娱乐活动当中，包括国际足联球迷嘉年华（FIFA Fan Festival）、滨海大道球迷活动（Corniche Activation）及许多其他庆祝活动。在比赛期间，每天有超过53万人参加各类娱乐活动。卡塔尔通过举办世界杯向全世界展示了中东国家不一样的风貌，吸引了大量国外游客。预计世界杯之后每年到访卡塔尔的外国游客数量将从2019年的210万人增长到2030年的600万人[①]。

图2-2　2022年卡塔尔世界杯

图片来源：佚名.卡塔尔世界杯球场——卡塔尔教育城体育场［EB/OL］.［2022-03-24］. https://www.sportspress.cn/qatar2022/zqtj/8345.html.

[①] 黄培昭，潘晓彤，辛斌."最昂贵"世界杯之后卡塔尔怎么"回本"？［N］. 环球时报，2022-12-16（11）.

（3）美国职业篮球联赛（National Basketball Association）

美国职业篮球联赛，简称 NBA，是美国四大职业体育联盟之一，1946 年 6 月 6 日在纽约成立，联盟成立之初只有 11 支球队。2022 年，NBA 共有 30 支男子职业篮球队，东部分区和西部分区各有 15 支。其常规赛从每年 10 月中下旬开始至次年 4 月中旬，是 30 支球队之间进行的轮回赛，每支球队需要参加 82 场比赛，30 支球队共 1 230 场。常规赛结束后，东、西部的分区常规赛战绩排前八位的球队进入季后赛，季后赛角逐出来的东、西部冠军进入总决赛争夺总冠军。

NBA 赛事创收数额巨大，2021—2022 赛季的总收入突破 100 亿美元，主要由转播、赞助和门票贡献。联盟与三家公司签下了电视转播合同，平均每年收入约 27 亿美元，还可从各个球队与地方电视台签订的转播合同中获得一定分成。NBA 与许多大型公司建立了深度的合作关系并获得赞助，这些赞助合约在 2021—2022 赛季为联盟带来了 16.4 亿美元的收入。门票收入虽在收入中占比较小，但数额仍然可观，2021—2022 赛季中门票收入最高的球队勇士队场均收入可达 420 万美元[①]。

NBA 赛事能够极大地带动举办地的消费，提升媒体关注度，促进篮球运动的推广。根据夏洛特地区观光局的统计，2019 年 2 月在夏洛特举行的"全明星周末"带来的经济价值达 8 770 万美元。球员、球迷和媒体的涌入在该地区产生了连锁经济反应，在住宿、餐饮、交通、零售、娱乐以及商品和服务方面产生了 4 870 万美元的直接消费。其中，2 190 万美元来自 NBA、当地组委会和媒体的组织消费，2 680 万美元来自游客消费，住宿、食品和饮料支出占游客总支出的一半以上，为当地带来了 467 万美元的税收。"全明星周末"赛事期间，夏洛特中心地区的酒店入住率接近 100%，平均每日房价比前一年增长了近一倍。与此同时，由于"全明星周末"赛事在全球范围内得到了广播电视、纸媒和数字媒体的宣传，夏洛特还获

---

① 李木圳. 与篮球相关收入达 89 亿，NBA 赛季收入突破 100 亿美元创纪录［EB/OL］. ［2022-07-18］. https://www.jiemian.com/article/7764896.html.

得了数千万美元的媒体价值。除此之外，NBA 还与当地社区组织合作，通过基层项目和活动支持夏洛特地区成千上万的儿童、家庭和需要帮助的人，在比赛之外留下了宝贵的赛事遗产[①]。图 2-3 为美国职业篮球联赛赛况。

图2-3　NBA球赛现场

图片来源：七洲.洛杉矶湖人队 NBA 球赛门票预订及攻略［EB/OL］.［2015-11-16］http://mt.sohu.com/20151116/n426651336.shtml.

（4）超级碗（Super Bowl）

超级碗是美国职业橄榄球大联盟（National Football League，NFL）的年度冠军赛（如图 2-4 所示），一般在每年 1 月最后一个星期日或 2 月第一个星期日举行，参与球队为该球季的美国橄榄球联合会（American Football Conference）冠军以及国家橄榄球联合会（National Football Conference）冠军。超级碗是全美收视率最高的电视节目，中场秀有"美国春晚"之称。受欢迎程度之高使超级碗逐渐成为美国非官方的全国性节日。2022 年度的超级碗在 SoFi 体育场举行，为此，场馆容量由 7 万人扩充至 10 万人。

---

① 胡可. NBA 商业联盟的经济影响探究［J］. 全国流通经济，2018（31）：82-83.

图2-4　美国职业橄榄球大联盟的年度冠军赛赛况

图片来源：月影.超级碗现场气氛热烈 观众挤满所有看台［EB/OL］.［2009-02-02］.https://sports.sohu.com/20090202/n262009229.shtml.

作为美国最具影响力的体育赛事，超级碗2022年观众总数为2.08亿，有着极高的商业价值。如此可观的收视率带来了超高的曝光度，受到了需要广告宣传的各品牌的青睐。在超级碗上出现的广告是各大社交平台的热门话题，传播影响力可以延续到比赛后一个月或更久①。2022年，出现在超级碗中的一条30秒广告的平均价格达650万美元。本次赛事售出了70多个广告，广告收入达5亿多美元。门票也是超级碗收入的一大来源。2022年超级碗门票价格在950～6 200美元/张。以SoFi体育场本次赛事扩容后可容纳的观众人数来估算，NFL至少赚得6 650万美元门票收入。转播费是超级碗收入的重要来源，进行赛事转播的电视台将向NFL支付20亿美元的版权费。2023年，超级碗的转播费则被提高到每年100亿美元②。

此外，超级碗赛事也推动了国民消费。据统计，超级碗星期天是美国单日食品消耗量第二高的日子。作为观赛必备食品，薯条和鸡翅更是

---

①　凡菲.“超级碗”广告的启示［J］.青年记者，2017，577（29）：105-106.
②　康恺.“超级碗”狂欢吸金，仿佛疫情从未打趴美国经济［N］.第一财经日报，2022-02-16（A01）.

消耗数量可观，分别消耗 1 100 万磅和 12.5 亿个，赛事当天全美食物消费额超 2 亿美元①。

（5）温布尔登网球锦标赛（Wimbledon Championships）

温布尔登网球锦标赛是一项世界性网球公开赛事（如图 2-5 所示），至今已有 230 年的历史，是网球四大满贯中历史最悠久、最具声望的赛事，也是唯一的草地比赛。温网由全英俱乐部和英国草地网球协会联合创办，在英国伦敦郊区的小镇温布尔登举办，一般在每年 6 月或 7 月举行，历时两周。

图 2-5　温布尔登网球锦标赛

图片来源：佚名. 温网将给 1 号球场建造顶棚 已贷款 1.75 亿英镑[EB/OL]. [2017-08-18]. http://sports.sina.com.cn/tennis/atp/2017-08-18/doc-ifykcypp8905303.shtml.

1875 年，草地网球由 Major Walter Clopton Wingfield 设计，并被允许加入全英俱乐部活动。1877 年，全英草地网球和门球俱乐部举行了第一个草地网球锦标赛，即温布尔登网球锦标赛。最初只有男子单打比赛，1884 年女子单打比赛也加入了赛程。双打及混合双打比赛也随后逐一加入。

温网的举办能够带来不小的经济效益。2016 年温网的门票以及饮食和周边商品售卖收入达到 5 000 万英镑。在广告收入方面，尽管温网

① 周舟. 美国人看超级碗当天消耗 1 100 万磅薯条 12.5 亿个鸡翅［EB/OL］.［2017-02-07］.http://www.sohu.com/a/125658703_123753.

场地旁很少有商业广告曝光，但温网的几大主要赞助商每年依旧能贡献数千万英镑的收入。转播费每年可以为温网带来约 1.1 亿英镑的收入。同时，赛事较高的曝光度与关注度也使温布尔登的世界知名度与影响力得以提升，为小镇的经济发展与产业增长带来利好[①]。

温布尔登网球锦标赛历史悠久，以其古典传统的赛事特色吸引了大量的关注。草地比赛场、白色比赛服、周日休赛、向皇室包厢行礼，这些延续传统的规则彰显着古老气韵与声望，也源源不断地为小镇吸引着游客，带动了当地旅游产业的增长。如今，每年都有数万名游客到温布尔登进行观光，温布尔登网球博物馆、球场成为重要景点。餐饮、住宿等行业也因此为小镇收入做出巨大贡献[②]。

（6）环法自行车赛（Le Tour de France）

环法自行车赛始于 1903 年，至今已经有 100 多年的历史，经过长期发展，已成为全球规模和影响力最大的自行车赛事。比赛由法国著名体育报刊《队报》筹办，于每年夏季举行，赛期 23 天，共 21 个赛段，平均赛程超过 3 500 千米。赛事期间，现场观众人数超过 1 000 万，同时，还有 180 个国家和地区的 3.5 亿名观众通过电视转播收看赛事。

为了进一步在全球扩大环法自行车赛品牌影响力和推广自行车运动，环法自行车赛还打造了一系列品牌赛事，目前已经在十多个国家落地。其中环法职业绕圈赛是在法国以外的国家举行的环法职业赛事，自 2013 年开始已经在日本埼玉连续举办四届，并在当地取得热烈反响。环法挑战赛则面向大众，已经落地英国、澳大利亚、墨西哥等国，在澳大利亚首次落地参赛人数就超过 3 000 人，在英国举办的英格兰站以及威尔士站的比赛规模更是超万人。

环法对举办地的经济带动作用非常可观。据巴黎开普勒资本市场分析师康纳尔奥谢测算，环法每年为沿途城市带来旅游消费收入高达 10 亿美元[③]。2014 年的环法自行车赛承办城市之一约克郡在赛事举办后的第三季度，海外游客访问数量达到 47.2 万人次，相比 2013 年同期增长

① 禹唐体育. 大城市的后花园，也能是世界闻名的体育小镇［EB/OL］.［2017-08-02］. http://www.ytsports.cn/news-14457.html.
② 刘建军. 网球小镇温布尔登的魅力［J］. 群众，2021，670（24）：66-67.
③ 姚芳虹. 对环法自行车赛的商业开发分析［J］. 现代商业，2016，429（20）：180-181.

19%[1]。2017年的环法日本赛吸引了超过20万的现场观众，获得约1.6亿元人民币的经济收益，其中直接经济收益达6 800万元人民币[2]。除了旅游收入之外，环法自行车赛的沿途城市也可能因此提高知名度，吸引更多游客选择其作为旅游目的地（如图2-6所示）。

图2-6　环法自行车赛

图片来源：张谋耀.冠军战车2022环法第三阶段获胜器材盘点［EB/OL］. ［2022-07-26］. http：//www.wildto.com/news/54644.html.

2.1.3　中国体育赛事旅游发展状况

2019年9月17日，国务院办公厅发布了《关于促进全民健身和体育消费推动体育产业高质量发展的意见》，提出"促进体育消费，增强发展动力。鼓励各地采取灵活多样的市场化手段促进体育消费，丰富群众性体育赛事活动，优化参赛体验"。国家政策的扶持给体育赛事旅游发展提供了良好的宏观环境。英国体育营销研究机构SPORTCAL公布的《2019年全球体育影响力报告》显示，中国举办国际赛事的综合影

---

① VisitBritain.环法自行车赛为约克郡带来的效应初现［EB/OL］. ［2015-01-16］. https：//www.visitbritain.com/gb/en/media/corporate-news/huan-fa-zi-xing-che-sai-wei-yue-ke-jun-dai-lai-de-xiao-ying-chu-xian.

② 广西壮族自治区体育局. 环法的洪荒之力——浅谈环法带来的社会经济效益［EB/OL］. ［2017-08-07］. https：//www.sport.gov.cn/n14471/n14491/n14528/c818317/content.htm.

响力位居榜首。中国体育赛事活动总产值自2015年以来也逐年增长（如图2-7所示）。

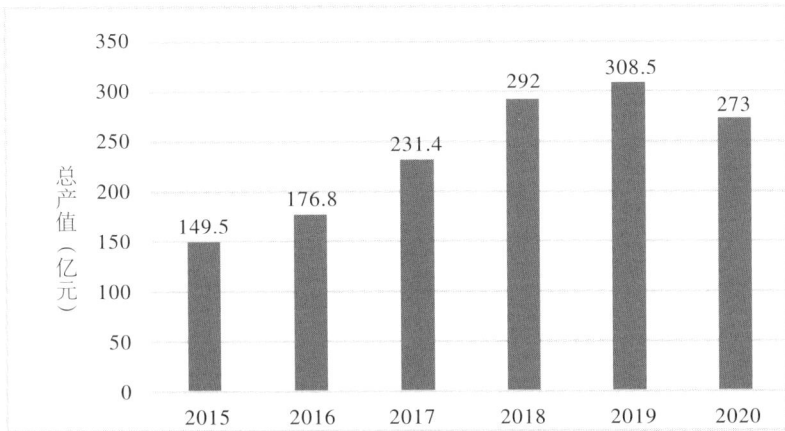

图2-7   2015—2020年中国体育赛事活动总产值

数据来源：国家统计局．

　　近年来，中国还举办了许多国际体育赛事，如2019年北京冰壶世界杯决赛、第18届国际篮联篮球世界杯、2022年北京冬奥会和冬残奥等。此外，中国乒乓球公开赛、中国网球公开赛、中国羽毛球超级联赛、全运会、中国职业篮球联赛、中国足球协会超级联赛等赛事的影响力也逐年增长。图2-8展示了2020年中国各级体育赛事的市场份额，由图可见，国际赛事占比最高。

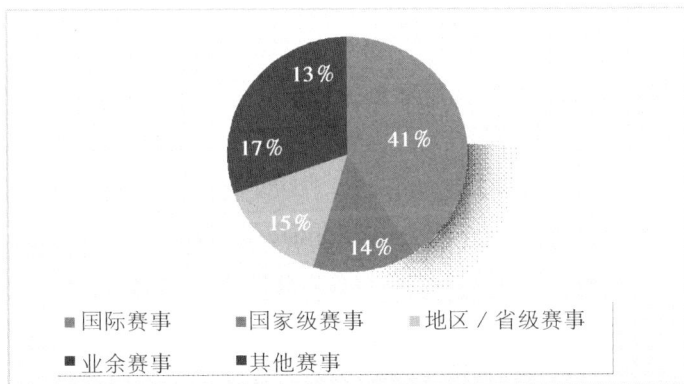

图2-8   2020年中国各级体育赛事的市场份额

数据来源：Statista．

大型体育赛事举办对承办城市的经济效益是显而易见的。以上海为例，根据《2020年上海市体育赛事影响力评估报告》，上海2020年举办了41项赛事，覆盖了17个运动项目。其中，上海马拉松带来4 943万元的直接经济效益，相关产业拉动效应达到1.4亿元。举办城市虽然通过大型体育赛事获得了经济收益，但也付出了一定代价。2020年成都第31届世界大学生运动会筹备期间，成都市民反映其生活质量受大运会举办的影响而下降。成都市财政局发布的2020年度工作报告显示，成都市居民2020年日常生活消费物品价格上涨了2.5%。造成这些负面经济影响的原因是大运会对大众消费的刺激。为举办大运会，政府还推出了一些环境整治措施，这些措施使污染企业和污染项目大规模停产，导致成都市部分市民收入减少，从而引发一系列经济问题，形成对成都经济的负面影响[①]。因此，体育赛事活动的举办需要申办城市根据自身发展的具体情况进行科学规划和投入产出分析，不能因一时之利而盲从。

2.1.4 中国著名体育赛事和体育旅游目的地介绍

（1）北京奥运会

中国于2008年在北京举办了第29届夏季奥运会（如图2-9所示），于2022年举办了第24届冬季奥运会。这两次国际大型赛事的成功举办向世界展示了中国独特的文化，也为我国的经济发展注入了强大动力。据高盛统计，自2002年北京申奥成功，到2008年奥运会成功举办，这7年间中国因奥运红利GDP额外增加1.376万亿元，且中国的经济每年额外增长了0.3%。根据国家统计局的统计，在2008年北京奥运会筹办期间，由于奥运因素，北京市的地区生产总值被拉动近1 055亿元。北京奥运会的举办有力促进了中国奥运相关产业经济的发展，推动了北京市旅游业和商业的升温。2008年到北京旅游的海外游客超500万人次，奥运会为北京带来的旅游收入达1 700亿元[②]。北京奥运会让世界看到了中国全新的风貌，同时推动了城市基础设施升级，带动了城市科技信息产业、体育产业、传媒行业、旅游业和教育产业

① 王瑞. 大型体育赛事与城市居民互动关系研究［D］. 成都：成都体育学院，2022.
② 葛春艳. 北京奥运会对中国经济的影响［J］. 神州，2012（24）：210.

等众多行业的发展，并在其闭幕后持续给举办地带来正向影响。

图2-9　2008年北京奥运会

图片来源：陈燮. 北京奥运会圆满落下帷幕 烟花齐放北京无眠［EB/OL］.
［2008-08-25］. http://2008.sina.com.cn/hx/other/p/2008-08-25/045179946.shtml.

　　2015年我国成功获得2022年第24届冬季奥运会的举办权，北京市联合河北张家口市申奥成功（如图2-10所示）。北京市承担了冬奥会开闭幕式和冰上项目的比赛，张家口市则负责冬奥会雪上项目比赛。2022年北京冬奥会的举办预算为15.60亿美元，其中赛事场馆等基础设施建设总投资为15.10亿美元。在这15.10亿美元的赛事场馆建设投资中，社会投资占65%，其中位于张家口市崇礼的3个奥运村完全由企业投资建设。至2020年7月，由于冬奥会因素，张家口地区累计新建冰雪产业项目68个、落地项目57个，投资总额达到了331.73亿元人民币。冬奥会的举办吸引了许多投资者参与到赛事筹备建设工作中，北京市和张家口地区的经济在冬奥会筹备期快速发展。2022年冬奥会的举办还带动了近2亿中国人参与到冰雪活动中，推动了冰雪体育旅游的进一步发展。根据《中国冰雪旅游发展报告（2020）》的数据，在2018—2019年冰雪季，我国冰雪体育旅游参与者达2.24亿人次，冰雪体育旅游总收入约为3 860亿元人民币。2018年我国冰雪体育旅游的人均消费为1 734元，而同年我国国内人均旅游消费支出为926元。冰雪体育旅游消费是国内旅游人均消费的1.87倍，冰雪体育旅游拉动消费能力突出①。

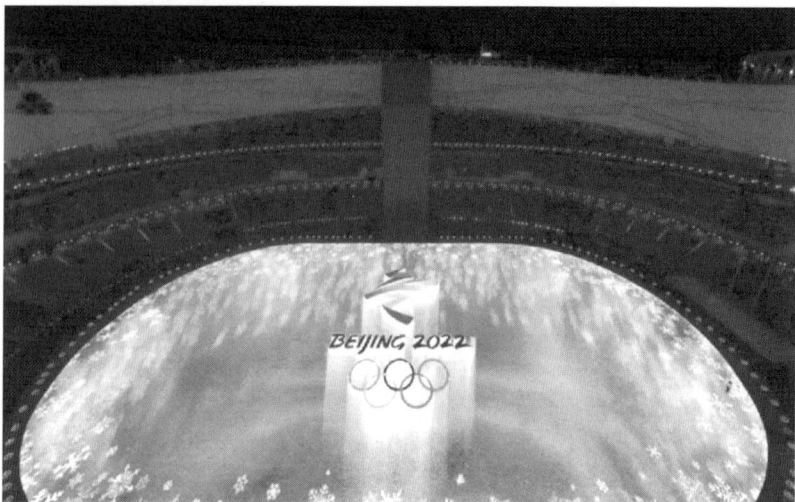

图2-10 2022年北京冬奥会

图片来源：佚名.2022年北京冬奥会开幕式精彩呈现，让人拍案叫绝［EB/OL］.［2022-03-23］. http://www.viziatech.com/h-nd-881.html.

（2）上海

上海非常重视体育产业的发展，在2022全球体育城市评选中，上海市位列全球第38名。《上海市城市总体规划（2017—2035年）》提出，将于2050年把上海打造成为全球著名体育城市。目前上海大型体育赛事的发展速度在全国保持领先：2019年上海市共举办了163个大型体育赛事，其中国际赛事87场，全国性大赛76场②。环崇明岛国际自盟女子公路世界巡回赛、F1方程式赛车中国大奖赛、上海环球马术冠军赛、上海ATP1000网球大师赛、上海国际马拉松大赛等赛事已经成为上海的骄傲。顶级单项体育赛事是上海承办赛事的一大特色，2007年女子世界杯、2004—2019年的F1中国大奖赛和2019年篮球世界杯（如图2-11所示）都在上海举办。2021年上海还举办了马拉松、国际雪联城市越野滑雪中国巡回赛和上海赛艇公开赛等赛事。

---

① 贾雨辰. 2022年冬奥会对张家口地区经济的影响［J］. 中国集体经济，2022，704（12）：41-44.
② 刘东锋. 全球著名体育城市的演进、特征与路径——兼论上海的目标定位与发展策略［J］. 体育科研，2021，42（1）：52-61.

图2-11　上海2019年篮球世界杯赛况

图片来源：佚名. 中国不敌委内瑞拉无缘16强 将进排位赛争奥运资格［EB/OL］.［2019-09-04］. https://sports.cctv.com/2019/09/04/ARTI6mrdtNRuVIHJrUfZa0ym190904.shtml.

近年来，上海体育产业保持了快速的增长势头，居民的体育消费活跃度逐渐提高。统计表明，2018年上海体育产业增加值为556.90亿元人民币，同比增长了18.42%。其中，与旅游业深度融合发展的体育服务业已然发展成为上海体育产业的核心业务，同年占上海体育产业总增加值的87.3%[①]上海市出色的办赛能力在著名大赛的筹备中得到了国内外专业人士充分的肯定，在大型赛事活动的影响下，上海的引领作用和国际影响力均得到显著提升。

（3）F1大奖赛中国站

F1大奖赛是由国际汽车运动联合会（Fédération Internationale del'Automobile）举办的最高等级的年度系列场地赛车比赛，是当今世界最高水平的赛车比赛，与奥运会、世界杯足球赛并称为"世界三大体育盛事"。1950年国际汽联第一次举办了世界锦标赛。中国大奖赛自2004年开始在上海奥迪国际赛车场举办，2009赛季前，中国大奖赛安排在每年10月左右，为全年的后几站；2009赛季后，改成每年4月举办，基

---

① 李民桂. 中国排球联赛职业化发展道路的经济社会学分析［J］. 福建体育科技，2016，35（3）：24-26.

本保持在全年第三站（如图2-12所示）。

图2-12　2019赛季F1大奖赛中国站

图片来源：佚名. F1历史上第一千站 F1喜力中国大奖赛圆满落幕［EB/OL］. ［2019-04-14］. http://sports. sina. com. cn/motorracing/f1/newsall/2019-04-14/doc-ihvhiqax2632548.shtml.

据统计，2004年，F1大奖赛中国站现场观众约26万名，在上海的平均逗留时间为3天，总消费额为4亿多美元。对于餐饮酒店业来说，大赛期间，上海星级酒店在大奖赛当月的收入攀升至2.8亿元人民币，其中锦江集团的营业收入增长65%，达到3 800万元人民币[①]。F1大奖赛在中国的举办，还带动了赛事周边20平方千米土地的价值在5年内上升了近10倍，每年产生上百亿元的直接营业收入和约325亿元的间接收入。2004年，F1大奖赛中国站的门票收入达到2.48亿元人民币，带来了1 240万元的税收[②]。

F1大奖赛对上海产生了巨大的影响，催生了围绕F1大奖赛开展的主题公园、酒吧和汽车文化节，促进了上海旅游业的多元化发展。此外，赛事组织、人员接待、设施维护、安保、环境卫生、绿化养护等，为上海提供了约1 000个就业机会[③]。

---

① 马洁，黄嫒，黄海燕. F1大奖赛中国站与上海城市旅游发展［J］. 体育科研，2011（6）：22-27.
② 李广宁. F1中国站大奖赛对长江三角洲经济和社会影响的分析［J］. 辽宁体育科技，2004（5）：28-29.
③ 李广宁. F1中国站大奖赛对长江三角洲经济和社会影响的分析［J］. 辽宁体育科技，2004（5）：28-29.

（4）中国男子篮球职业联赛

中国男子篮球职业联赛（China Basketball Association），简称CBA，是由中国篮球协会主办的跨年度主客场制篮球联赛，是中国最高等级的篮球联赛（如图2-13所示）。CBA设季前赛、常规赛与季后赛，大致举办时间为每年10月至次年4月，CBA总决赛胜出球队获得当赛季CBA总冠军。1995年CBA联赛（甲A联赛）创办时有12支球队参加，目前共计20支球队[1]。

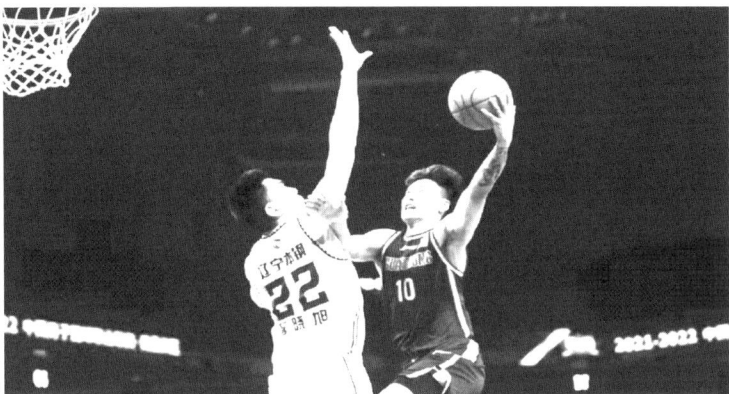

图2-13　中国男子篮球职业联赛赛况

图片来源：佚名. CBA季后赛半决赛第3回合赛程出炉，CCTV5直播，广东男篮或被横扫［EB/OL］.［2022-03-23］. https：//zhuanlan.zhihu.com/p/499604325.

CBA对于城市宣传的作用明显，在强大的媒体曝光下，城市知名度迅速提升。比如，自CBA在诸暨市举办后，各条关于CBA的新闻都在标题前加上诸暨市，加深了观众对城市的印象，而本溪也凭借媒体提及的"药都"字样，让全国球迷知道了"本溪药都"[2]。

CBA带动了举办地餐饮、旅游行业的发展。以本溪市为例，每到赛季期间，与正常水平相比，酒店入住率增加约15%，餐饮服务营业额增长约10%，当地旅游景区的游客数量上升约10%，同时相关业务收入增加12%。就旅游产业而言，本溪市打造了"旅游+体育"的新模式，依托丰富的自然旅游资源，借助CBA设计了一条精品休闲旅游路线，

---

　①　卢浩. 中国男子篮球职业联赛市场化研究［D］. 哈尔滨：哈尔滨体育学院，2022.
　②　董晓春. 体育赛事助推城市经济转型升级研究——以辽宁省本溪市承办CBA赛事为例［J］. 钦州学院学报，2018，33（3）：80-84.

其著名景点的营业收入年均增长高达35%左右。在房地产领域，CBA更是带来一波热潮，距离主场篮球馆车程15~20分钟的楼盘价格上涨明显，由此吸引了越来越多的房地产开发商加入中高档楼盘的投资中。自从CBA在本溪开展以来，相关体育产业从不足百家增至近300家，业态丰富多元，包括体育培训、体育会展、赛事经营等活动，CBA赛事衍生品也受到广大球迷的青睐[①]。

（5）中国足球协会超级联赛

中国足球协会超级联赛，简称中超联赛，是由中国足球协会组织、中超联赛有限责任公司运营的中国大陆地区级别最高的职业足球联赛（如图2-14所示）。中超联赛始于2004年，前身为1989年成立的中国足球甲A联赛。该联赛在2017年的国际足球历史和统计联合会发布的联赛排名中位列世界第36位，亚洲第3位，是亚洲地区平均上座率最高的足球联赛之一[②]。自2006年开始，中超参赛俱乐部稳定在16支[③]，2022赛季扩军到18支球队。

图2-14　中国足球协会超级联赛

图片来源：马艺欧.中国足协超级杯落幕，两冠军总结过往展望未来［N］.中国体育报，2019-02-25.

---

① 梁颖然.体育赛事对城市形象影响研究［D］.杭州：浙江工商大学，2022.
② 杨光.中国足球协会超级联赛竞赛管理体制研究［D］.北京：北京体育大学，2012.
③ 妮蔻.借势突围，足球营销四大打法［EB／OL］.［2021-06-27］. http://m.163.com/dy/article/GDGJEAPG0516KQO6.html.

数据显示，2019赛季中超联赛观赛人次同比增长12.1%，达到15.99亿人次，首轮8场比赛入场观众人数为242 936人，场均观众人数为30 367人。各平台转播累计数达近7亿人次，其中新媒体观众占比51%，连续第二年高于传统媒体。此外，联赛付费转播观众基数在逐步增长，反映出球迷对于付费观赛模式逐步认可，联赛商业价值稳步提升。与此同时，中超联赛在推动联赛品牌影响力方面进行了大量尝试，如举办"超越·爱"公益系列活动、积极与赞助商开展价值激活互动、营造比赛日氛围、优化社媒互动等[1]。

2020年，受新冠疫情影响，体育赛事行业受到重创。根据《中国足球协会超级联赛——2020赛季商业价值白皮书》[2]，2020年，到场观看中超联赛的观众超过9万人次，在限制观众入场的第一阶段，球迷可以通过现场互动大屏、巨型TIFO、虚拟观众技术等手段和现场互动。2020赛季，19个传统媒体和新媒体的平台转播中超联赛，覆盖全国超10亿电视观众，累计播放数量1 700余场，收视人次超6亿。本赛季总赞助金额超3亿元，覆盖13个行业，是中国最具商业价值的顶级赛事IP之一。中超联赛与很多合作伙伴开展了丰富的联合营销活动。青岛啤酒联合中超俱乐部、球员、天猫、PP体育等多方资源举办第二现场球迷观赛和全国球迷大会活动，其中第二现场球迷观赛活动吸引球迷近4万人，累计销售青岛啤酒约6.5万箱。复赛前期，中超公司、EA Sports和腾讯电竞联合举办"中超电竞FIFA Online 4表演赛"试水电竞赛事，在成功维系球迷黏性、拓展球迷群体的同时，也初步探索了联赛全新商业价值实现的体系。

（6）厦门马拉松

厦门国际马拉松，简称厦马，创立于2003年，由中国田径协会、厦门市人民政府主办，厦门市体育局、厦门广播电视集团、厦门市思明区人民政府、厦门市湖里区人民政府承办（如图2-15所示）。2007年，厦马当选"世界田联金标"赛事，成为全球首批且连续13年获此殊荣的马

---

① 向宇轩. 中国足球超级联赛品牌影响力研究［D］. 长沙：湖南师范大学，2021.
② 德勤. 中国足球协会超级联赛——2020赛季商业价值白皮书［EB/OL］.［2022-04-30］. https://www2. deloitte. com/cn/zh/pages/technology-media-and-telecommunications/articles/chinese-football-association-super-league-2020-business-value-evaluation-white-paper.html.

拉松赛事之一[①]。

图 2-15　厦门马拉松赛

图片来源：佚名. 赛道（2021）[EB/OL].［2022-03-23］. http：//www.xmim.org.

厦马产生的赛事经济效益十分显著。2019 年，厦马带来的综合经济效益为 3.83 亿元。2020 年厦马为厦门市带来的直接经济影响为 2.577亿元，带动经济影响约为 3.953 亿元，综合经济影响为 6.530 亿元[②]。《2021 年厦门市体育产业发展状况调查报告》显示，厦马自开始举办以来参赛人数已超 72 万人次，全马完赛选手超 22 万人次，带来的综合经济效益累计达 44.9 亿元，品牌价值累计达 22.93 亿元。

除经济效益外，厦马的社会效益也非比寻常。由于厦马的带动，路跑已成为最受厦门市民欢迎的全民健身项目，10 多年来已有数万人加入"跑马"队伍，形成了跑步健身的习惯。环保是厦马的一大特色主题，厦马推出了绿色出行活动，倡议参赛人员和观众选择公共交通绿色出行，建设生态文明；同时，厦马也是世界上第一个加入联合国环境规划署"清洁海洋"计划的马拉松赛事[③]。

随着经验的积累和不断的创新探索，厦马的组织运营已步入流程化、标准化、信息化轨道。科学的路线规划、良好的赛事服务，让厦马树立起了良好的赛事口碑。厦马不仅在潜移默化中改变着厦门的城市风

---

① 陈小英，冯展艺，曾芊. 厦门马拉松、广州马拉松、深圳国际马拉松官方微信公众平台信息传播研究［J］. 广州体育学院学报，2009（1）.
② 杨伏山，吴馨骅.厦马获"世界田联精英白金标"跻身世界马拉松最高级别赛事行列［EB/OL］.［2022-07-26］. https：//www.chinanews.com.cn/ty/2021/02-26/9419365.shtml.
③ 洛轸念. 厦马鸣枪，旅游之城厦门靠体育重焕生机［EB/OL］.［2021-04-10］. https：//sports.sohu.com/a/459969530_120743484.

貌，还成为宣传厦门形象的重要城市名片。

2.2 休闲体育旅游发展现状

2.2.1 国际休闲体育旅游市场发展情况

休闲体育旅游旨在满足人类对运动、游戏、休闲和娱乐的需求，让游客在旅行中积极参与到休闲体育活动中，既满足消费者的放松休闲需求，又能正向影响消费者的健康状况（Hodžić and Huremović，2022），是锻炼身体、愉悦身心的最佳方式之一。美国洛杉矶是著名的攀岩和冲浪旅游目的地；英国伦敦和曼彻斯特以及法国巴黎都以足球运动著称，频繁举办的足球联赛以及培养的众多知名球星为当地旅游吸引了可观的客流；日本东京和加拿大多伦多是棒球运动爱好者的向往之地；自行车作为一种健康且环保的交通和休闲方式在德国得到越来越多的推广。目前，德国总人口为 8 000 万，全国各种类型的自行车数量达 7 800 万辆，人均拥有自行车数量位于全球前列（Okayasu，Nogawa & Morais，2010）。德国每年有 200 多家旅游公司组织自行车旅游，此项活动受到了当地居民的喜爱。

休闲体育旅游是国际旅游市场的重要组成部分。目前，西欧拥有世界上最大的出境游滑雪市场，出境滑雪旅游者超过 3 000 万人。阿尔卑斯山拥有世界上最大的入境滑雪旅游市场，占全球份额的 44%。英国每年有 300 多万人赴国外进行高尔夫体育旅游。在德国，每年有 3 200 万人参加与体育旅游相关的活动，占该国出境旅游人数的 55%。根据国际体育旅游理事会的数据，全球体育旅游收入占旅游总收入的 32%。美国、意大利和英国的体育旅游年产值分别为 270 亿美元、500 亿美元和 90 亿英镑[①]。

休闲体育旅游的发展，不仅有利于促进人们的身心健康，还能够促进区域经济的协调发展。休闲体育旅游具有广阔的市场前景和可观的社

---

① 逄艳，夏敏慧. 休闲体育旅游在国际旅游岛中的地位［J］. 法制与社会，2010（25）：184–185.

会经济价值，下面将介绍一些国际知名休闲体育旅游目的地和吸引物。

2.2.2 国际知名休闲体育旅游目的地

（1）韩国春川

春川位于韩国中部，距离首尔大约100千米，其雪景世界闻名。春川四周的龙华山和三岳山等山脉和人工湖完美融合，是钓鱼、划船和爬山的休闲旅游胜地。首届世界休闲体育大会于2010年在春川市举行（如图2-16所示），活动主要由休闲学术大会、休闲体育项目比赛和休闲产业展览会三个部分组成。67个国家的1.5万名选手参加了大赛，97万余名游客观赏了各项比赛、表演和展览。大赛期间，春川市还举行"春川香辣鸡排骨与荞麦面节""春川话剧节"等多种文化艺术体验活动①。这次大会将体育赛事和文化交流与旅游休闲相结合，旨在将春川打造成韩国第一休闲旅游城市，其使用的松岩体育村为韩国春川市举办的各大体育赛事提供了场所，也成为当地的热门旅游景点之一。

图2-16 韩国春川世界休闲体育大会

图片来源：佚名. 江原道春川 mullegil 独木舟 [EB/OL]. [2022-07-23]. http://www.hanyouwang.com/area/show_39.html.

---

① 韩联社.春川休闲大赛今日隆重开幕，规模为世界休闲活动之最 [EB/OL]. [2010-08-28].https://cn.yna.co.kr/view/ACK20100828000400881.

春川市政府持续加大对世界休闲体育大会的投资，以助推地方经济发展，吸引更多游客。随着乐高乐园（Lego Land）、凯蒂猫（Hello Kitty）主题公园和沙马山（Mount Samak）索道等更多设施投入运营，春川市迎来了更多游客。

除此之外，春川市每年举办春川国际马拉松，该赛事是韩国历史第二悠久的马拉松赛事，也是韩国最有人气的马拉松，每年的参赛人数超过 25 000 人[①]。春川市还举办了一系列体育赛事，包括 2004 年泛太平洋地区冰壶锦标赛，2022 年第 25 届亚洲跆拳道锦标赛等。这些赛事和活动进一步提升了春川作为旅游目的地的热度，使之成为国际体育旅游的中心城市之一。

（2）洛桑奥林匹克博物馆（Olympic Museum in Lausanne）

位于瑞士洛桑的奥林匹克博物馆是闻名全球的休闲体育旅游目的地（如图 2-17 所示）。要建立一所博物馆以颂扬和纪念奥林匹克运动的想法最早出自皮埃尔·德·顾拜旦，也正是他使奥林匹克运动会重生并创立了国际奥林匹克委员会。国际奥林匹克委员会从 1915 年开始就设在洛桑，因此洛桑被人们称为"奥林匹克之都"。这个设在日内瓦湖畔的博物馆于 1993 年对外开放，是世界上最大的奥林匹克竞赛信息中心，通过艺术、文献、影片等向人们展示了从古希腊到现代奥林匹克运动的历史，把体育、艺术和奥林匹克精神及文化有机地结合起来（Switzerland Tourism，2022）。它也被视为世界上最大的奥林匹克运动知识中心。博物馆的《游客指南》写道：奥林匹克博物馆的使命是让游客了解奥林匹克运动的广度和重要性；通过图像和符号向他们表明，奥林匹克主义不仅仅是一种体育竞赛，而是一种植根于我们历史的生活哲学（IOC，1994）。

该博物馆是一座非比寻常的新式建筑，这里收藏了从古希腊到现代的奇珍异宝，3 400 平方米的展厅里展现了具有独特风格的永久性以及临时性的展品，该博物馆也是国际性的保管和研究中心。这里有 180 个座位的会议厅以及酒吧、咖啡屋，还有可以俯瞰阿尔卑斯山和湖水的雕

---

① 新浪体育.肯尼亚选手独占韩国马拉松前六名或归化提升战绩［EB/OL］.［2016-10-24］. http：//sports.sina.com.cn/run/2016-10-24-doc-ifxwztru6999403.shtml.

塑公园等，是备受休闲体育旅游者们青睐的旅游胜地（Swiss tourism board，2022）。

图 2-17　奥林匹克博物馆

图片来源：佚名.洛桑奥林匹克博物馆［EB/OL］.［2022-03-23］. https：// www.myswitzerland.com/zh-hans/experiences/the-olympic-museum/.

（3）巴黎

法国巴黎，世界闻名的浪漫之都，除了闻名天下的埃菲尔铁塔、卢浮宫和巴黎圣母院以外，还拥有丰富的休闲体育旅游资源和许多世界闻名的体育活动。巴黎有一支足球劲旅——巴黎圣日尔曼俱乐部。其主场王子公园体育场是球迷必去的目的地。王子公园体育场位于巴黎西南部，于1972年6月落成启用，由著名建筑师罗杰·塔利伯特设计，可以容纳46 480人。该体育场是1938年和1998年世界杯的比赛球场，1960年和1984年欧洲杯的决赛场地（Paris Saint-Germain，2020）①。

巴黎多年来在交通方面不断进行调整和发展，近1 000千米的自行车道让这座城市已然成为骑行爱好者的天堂（如图2-18所示）。新的自行车道还在不断地规划和建设中，最终将建成总长1 400千米的自行车道。里沃利街、香榭丽舍大道等主要道路都已规划自行车道，可以安全骑行；塞纳河岸公园内，在沿河两岸预留了10公顷土地，供行人和骑

① Paris Saint-Germain. Stadium tour［EB/OL］.［2022-11-19］. https：//stadiumtour.psg.fr/en/?utm_source=PSG_Site&utm_medium=referral&utm_campaign=Menu_Top_PSG_Stadium_Tour .

行人士漫游巴黎（巴黎旅游局，2021）①。

图 2-18　巴黎自行车道

图片来源：佚名.骑行巴黎［EB/OL］.［2022-07-23］. https：//zh. parisinfo. com/% E5%B7%B4%E9%BB% 8E% E5%AE% 9E% E7%94%A8%E4%BF% A1%E6%81%AF/% E4%BA% A4%E9%80%9A/% E9%AA% 91%E8%A1%8C% E5%B7%B4%E9%BB%8E.

Vélib' Métropole 是由巴黎市政府推出的一项自行车自助服务，提供普通（绿色）和电动（蓝色）自行车出租。每个人都可以根据自己的需要，选择购买日卡或按月租用。这种出行方式价格实惠，而且方便易用。在整个巴黎市内都有取车点，可全天候使用，非常适合用来环游巴黎（巴黎旅游局，2021）②。

作为"巴黎呼吸"行动的一部分，巴黎多个街区在全年大多数周日和法定假日都会禁止机动车通行。游客可以趁此良机骑车游览蒙马特区、维莱特盆地或玛黑区等地。运动爱好者还可以沿着马恩河畔或圣但尼运河漫步，欣赏沿途的自然风光和街头艺术（巴黎旅游局，2021）③。

---

　　①　Paris Tourist Office. 4 great cycling routes for exploring Paris!［EB/OL］.［2022-03-19］. https：//en.parisinfo.com/what-to-see-in-paris/info/guides/paris-cycling-exploring.
　　②　Paris Tourist Office. 4 great cycling routes for exploring Paris!［EB/OL］.［2022-03-19］. https：//en.parisinfo.com/what-to-see-in-paris/info/guides/paris-cycling-exploring.
　　③　Paris Tourist Office. 4 great cycling routes for exploring Paris!［EB/OL］.［2022-03-19］. https：//en.parisinfo.com/what-to-see-in-paris/info/guides/paris-cycling-exploring.

2.2.3 国内休闲体育旅游市场发展情况

随着我国经济和民众生活水平的进一步提升，休闲运动逐渐成为民众日常生活的重要组成部分。2016年，国务院办公厅发布《关于加快发展健身休闲产业的指导意见》，指出要推进健身休闲与旅游、健康等产业融合互动，丰富产品和服务供给。同年，国家旅游局、国家体育总局联合印发《关于大力发展体育旅游的指导意见》，明确要重点发展冰雪运动旅游、山地户外旅游、水上运动旅游、汽车摩托车旅游、航空运动旅游、健身气功养生等体育旅游新产品、新业态。休闲体育旅游作为盘活体育资源、促进旅游消费、推动全民健身的重要手段，得到了各级政府的高度重视和大力支持。

尽管如此，我国的休闲体育旅游由于发展起步较晚，场地设施建设和配套服务还不完善，民众尚未形成休闲体育旅游的消费意识和消费习惯。以滑雪运动为例，根据《2019全球滑雪市场报告》，目前我国滑雪人口约为1 500万人，仅占全国总人口约1%，人口渗透率不仅远低于欧美国家（瑞士的渗透率为35%），也明显低于日本（9%）、韩国（6%）等亚洲国家。我国海岸线漫长，气候条件多样，发展休闲体育旅游的自然资源丰富，市场开发潜力巨大。2020年，受新冠疫情影响，旅游经济受损严重。疫情一方面提高了消费者的风险意识，另一方面也让人们认识到了健康的重要性，而能够提高身体素质的休闲体育活动正好满足了消费者的健康需求。

目前，我国体育旅游正以每年30%~40%的速度快速增长，为旅游业发展做出了贡献。根据国家体育总局发布的相关官方数据，2018年体育产业同比增长9.09%[1]，并且在未来的发展过程中能够维持稳定的增长趋势。国民对于身心健康的需求是休闲体育发展的内驱力，同时以休闲愉悦为中心的消费革命也成为休闲体育行业发展的助推剂。

---

① 胡英清，姚婷. 区域整合视角下广西北部湾发展休闲体育旅游的分析 [J]. 商场现代化，2012，678（9）：39-41.

2.2.4 国内知名休闲体育旅游项目与目的地介绍

（1）三亚

三亚别称鹿城，地处海南岛的最南端，是我国唯一的热带滨海城市，也是享誉全球的海岛旅游目的地。三亚拥有独特的区位优势、气候资源和环境条件，海、河、山、林、泉等资源丰富，是进行沙滩排球、潜水、冲浪、海钓、游泳、浮潜、滑翔伞等休闲运动的绝佳地点。《中国体育旅游消费大数据报告（2021）》显示，三亚位居2021年体育旅游热门境内城市榜单首位。

三亚是著名的帆船运动目的地（如图2-19所示）。半山半岛帆船港坐落在三亚鹿回头半岛，港池面积10公顷，拥有325个全天候的泊位，最大可停靠200尺的船只，配有百吨船舶起吊机及各类先进的码头管理控制系统，可提供包括游艇会籍、游艇出海、船舶维修、赛事承办、餐饮酒店等多元化服务[①]。作为国际"白金五金锚"码头，半山半岛帆船港曾举办过沃尔沃环球帆船赛、世界青年帆船锦标赛、克利伯环球帆船赛及环海南岛大帆船赛等国际帆船赛事。

图2-19 三亚滨海休闲体育旅游

图片来源：佚名. 以赛事推进旅游发展 三亚办"帆船运动与城市发展对话"论坛［N］. 三亚日报，2015-11-12.

三亚很注重体育运动与生态环保的结合。三亚的蜈支洲岛海水清

---

① 陈洁. 海南三亚体育旅游研究［J］. 西部旅游，2020（9）：11-14.

澈，水下能见度最深达到 27 米，海底有保存完好的珊瑚礁，是世界上为数不多的没有礁石和鹅卵石混杂的海岛。2023 年 1 月 27 日，三亚市在蜈支洲岛举行了体育大拜年水上运动嘉年华活动，通过"潜水种珊瑚、环保过新年"的方式引导广大市民游客在体验潜水的同时参与海洋环保，助力生态修复。除了潜水，蜈支洲岛旅游区还有冲浪、海骑、空中飞人等一系列丰富的户外运动。作为国家体育旅游示范基地，近年来，蜈支洲岛旅游区不断推出文旅融合新产品并支持动力冲浪板国际赛、环海南岛国际大帆船赛、海南国际潜水节、中国尾波（冲浪）公开赛等赛事，持续助力三亚打造体育旅游精品项目①。

（2）成都

成都位于四川盆地西部、青藏高原东缘。1/3 平原、1/3 丘陵和 1/3 高山的独特地貌造就了中国最典型的山地户外梯度效应，龙门山脉与龙泉山脉四季景观变幻，适宜开展城市、山地、水上、冰雪、低空等多种类的户外休闲运动项目，图 2-20 为成都市户外休闲运动发展空间结构图。截至 2022 年 8 月，成都市森林覆盖率为 40.3%，共有公园 1 300 多个，绿道 5 188 千米，户外休闲运动目的地、场地设施及潜在资源点超过 250 处；休闲营地和帐篷露营点 153 处，为户外运动的开展提供了优越的环境和设施②。

成都市常年锻炼人口超过 900 万人，在央视公布的"最爱运动健身城市"中排名第一，近年来，依托优良的自然禀赋，各类户外运动在成都蓬勃开展，吸引了国家体育总局登山运动管理中心、中国登山协会的关注，它们也积极参与到成都举办的各类户外赛事和活动中。2022 年 11 月，成都市人民政府与国家体育总局登山运动管理中心、中国登山协会共同举办了 2022 中国·成都绿道运动生活嘉年华，助力营造户外产业发展新格局。成都环城生态公园环线 100 千米一级绿道全线贯通，为休闲体育运动提供了优越的条件，吸引了 6 500 万人次的体育爱好者③。

---

① 胡拥军. 体育大拜年水上运动嘉年华在蜈支洲岛开启 [EB/OL]. [2023-01-28]. http://lwj.sanya.gov.cn/wljsite/gzdt/202301/f782813034aa4eaf91217521538c9b5f.shtml.
② 胡锐凯. 成都发布全国首个超大城市户外休闲运动专项规划 [EB/OL]. [2023-01-31]. https://baijiahao.baidu.com/s?id=1756524049756356965&wfr=spider&for=pc.
③ 彭惊. 14 连冠之后，成都如何进阶高品质生活 [EB/OL]. [2022-07-04]. https://mp.weixin.qq.com/s?__biz=MzA4MTg1NzYyNQ==&mid=2652563342&idx=1&sn=1fe927dcd810df18b59a27d305e30191&chksm=8460dab8b31753ae37016573af387115a4821e080e77326e49b358d1c6835e2eed3747d3edce#rd.

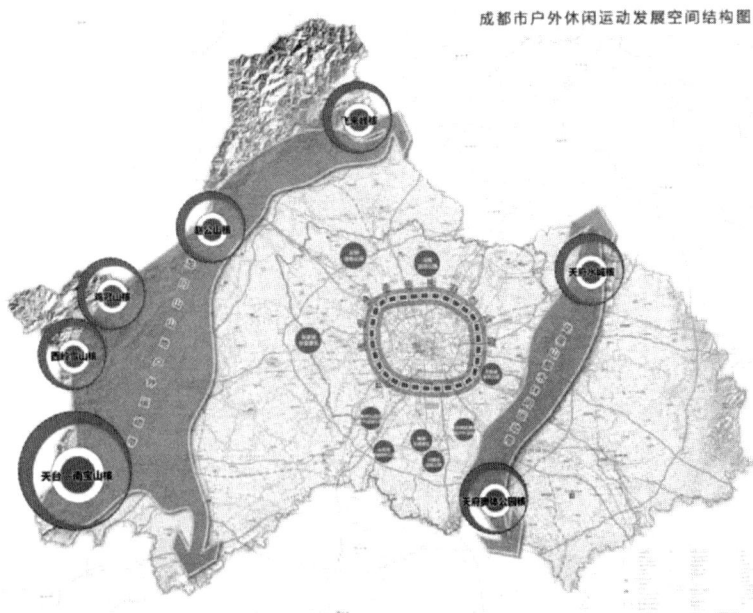

图 2-20 成都市户外休闲运动发展空间结构图

图片来源：佚名. 成都发布户外休闲运动总体规划［EB/OL］.［2023-02-02］. https://new.qq.com/rain/a/20230202A012WL00.

成都麓客岛体育服务综合体位于成都市南延线中轴线上，北临高新区，南靠商务区，是体育产业集聚地。综合体占地面积约550万平方米，其中160万平方米为珊瑚状规划水域，湖岸线长约30千米。成都麓客岛体育服务综合体通过构建新经济公园场景、新经济文创场景和运动场景等多功能叠加的生活消费场景，吸引体育产业项目落户，主要有：云朵乐园、浪速运动皮划艇俱乐部、浩海潜水俱乐部、带你玩滑水俱乐部、滑噜噜四季滑雪场、达根斯国际马术俱乐部、雅克房车露营地。2019年，成都麓客岛体育服务综合体营业收入约2 329万元，利润约137万元。2020年接待游客约50万人次，营业收入约2 500万元①。

（3）马山攀岩运动小镇

马山攀岩运动特色小镇位于中国广西壮族自治区（如图2-21所示）南宁市马山县，面积3.4平方千米，是中国第一个以攀岩为主题的特色

---

① 邓红杰. 总产值突破700亿元，成都体育休闲产业驶入发展快车道［N］. 中国体育报，2020-04-23.

小镇。马山县曾是中国西部地区的一个国家扶贫开发工作重点县，素有"九分石头一分土"之称，属于典型的喀斯特地貌，人均耕地不足 0.75 亩。长期以来，山多、地少、缺水被视作当地发展的最大阻碍。自 2016 年起，马山县与中国登山协会等机构联手，举办攀岩、山地马拉松等一系列国际国内赛事，吸引了美国、英国、法国、意大利等 30 余个国家和地区的运动员参赛，260 多万名中外游客到场观赛、体验和旅游。因山而苦、因山而贫的马山县由此焕发新生机，找到了一条"体育+旅游+乡村发展+县域经济"的全新发展模式。目前，攀岩特色体育小镇逐步成形，累计开发了 22 面岩壁 553 条攀岩线路，建成 23 所攀岩学校、9 条登山栈道、12 个攀岩平台，以及旅游民宿、汽车营地等系列配套设施①。

图 2-21　马山攀岩运动特色小镇

图片来源：佚名. 中秋节｜马山攀岩小镇邀你露营赏月、放烟花、点花灯、飞拉达攀岩、皮划艇一站式 get［EB/OL］.［2022-08-23］. https://www.sohu.com/a/489665407_121106875.

近年来，马山县羊山村三甲屯先后承办了多项国际级、国家级等山

---

① 李相如. 我国休闲体育的时代特点与发展趋势［EB/OL］.［2020-10-12］. https://www.sport.gov.cn/n20001280/n20745751/n20767279/c21256817/content.html.

地户外赛事活动，获评为广西体育产业示范基地、广西五星级山地户外运动营地、2020年中国体育旅游十佳精品线路、全国乡村旅游重点村等。借助赛事的吸引力和服务需求，羊山村大批外出务工的村民回到家乡，或在村里开民宿、办米粉厂，或销售当地特色产品、经营瓜果采摘项目。短短数年时间，羊山村集体经济收入从0元增至155万元。2021年，攀岩小镇旅游营业收入超过1 050万元，人均纯收入达13 297元①，凭着攀岩体育旅游，走出了脱贫致富之路。

① 黄艳梅，杨志雄."靠山吃山"广西小山村借"岩壁芭蕾"焕新生 [EB/OL].[2022-08-06]. https://baijiahao.baidu.com/s?id=1750020180853345859&wfr=spider&for=pc.

3 体育旅游者

　　体育旅游者是指以参加或观赏体育活动为目的，暂时离开常住地，并在此过程中进行消费的旅游者①。体育旅游者是体育旅游市场的主体，了解他们参与体育旅游的动机、行为特征和影响其决策和满意度的因素是开展有效市场培育的前提。因其参与体育活动的形式不同，体育旅游者可以被分为观赛型和参与型两类，前者作为观众参与体育赛事，后者则直接参与竞技类或休闲类体育活动。

3.1 体育旅游者的人口学特征

3.1.1 观赛型体育旅游者特征

　　观赛型体育旅游者是指以观看体育赛事为主要目的，离开平时的生活环境，临时访问某个地区并在此停留 24 小时或更长时间的旅游者（Plunkett et al.，2018）。观赛旅游者是赛事旅游的重要收入来源，其结

---

① 柳伯力，陶宇平. 体育旅游导论［M］. 北京：人民体育出版社，2003.

构特征和规模数量对赛事旅游目的地多方利益相关者的经济收入有直接的影响①。不同类型的体育比赛吸引的消费者在年龄、收入、职业方面可能有所不同，旅游目的地在制订营销计划时需要区别对待。

吴冰倩（2019）以上海ATP网球大师赛为例（如图3-1所示），对到现场观看比赛的旅游者进行实证研究，结果表明，此赛事的观赛旅游者以男性为主，且年龄多分布在21~30岁之间。收入在6 000元以上的体育旅游者占据60%②。胡明洋、雷雨冰和刑尊明（2022）针对2019年国际篮联篮球世界杯的赛事旅游者的实证研究表明，男性旅游者居多，年龄主要集中在19~32岁；职业构成方面，以学生群体为主；教育水平方面，大专和本科学历居多；收入在3 000元以下的群体所占比例最大，这说明篮球作为一种大众旅游，其受众更为广泛，受经济条件限制较小③。Wong和Tang（2016）将澳门格兰披治大赛车（The Macau Grand Prix）作为研究案例，其消费者中男性占比为女性的2倍，年龄主要集中在25~44岁之间。其中超过60%的消费者受过高等教育。

杨紫晨（2020）以2019年中国网球公开赛观赛旅游者作为研究对象，目的是研究观赛旅游者的时空行为特征与模式。此研究的人口学特征分析显示，此赛事的观赛群体主要为年龄在19~35岁的青壮年，占比近88%。这主要是由于这个年龄阶段的群体体力和精力正处于旺盛时期，是观赛类体育旅游的主力军。相比较而言，55岁以上的老年人占比为0，这显示了观赛体育旅游者在年龄段分布上呈现"收紧"状态，这也与吴冰倩（2019）有关上海ATP网球大师赛观赛旅游者的研究结论相符合。在学历方面，总体呈现"高学历"特征，本科及以上学历占比超88%④。一方面，高学历的受教育群体对于体育赛事旅游具有开明和积极的态度，对不同类型的体育运动和体育赛事有较多的了解，更容

① 史瑞应. 基于"人-地-业"三维视角的体育赛事旅游目的地发展研究［D］. 北京：北京体育大学，2020.
② 吴冰倩. 观赏型体育旅游者的观赛动机与限制因素对参与意愿的影响研究［D］. 上海：上海体育学院，2019.
③ 胡明洋，雷雨冰，邢尊明. 体育赛事旅游者观赛动机的实证研究［J］. 四川体育科学，2022，41（4）：54-59.
④ 杨紫晨. 观赛旅游者时空行为特征与模式研究［D］. 西安：陕西师范大学，2020.

易参与到体育赛事的旅游活动中去①。另一方面，文化水平较高的群体具有一定的经济基础以及获取信息的渠道，可以利用多样的媒体获取赛事信息，并且其旅游活动受预算的限制较少②。

图 3-1　上海 ATP 网球大师赛

图片来源：佚名. 上海市市长称今年将举办上海网球大师赛，ATP 赛事有望全面回归中国 [EB/OL]. [2023-03-23]. https://sports. sohu. com/a/629173199_121421123.

Zarei 和 Ramkissoon（2021）为探究旅游动机、赛事属性和信息来源的差异如何影响体育旅游者在马来西亚藤球赛事中的决策和出席率，收集了多名国内和国外体育游客的数据进行研究。其人口学特征显示国内和国外游客的年龄相似，以年轻人为主，且大多从事全职工作。但其收入差异较大，马来西亚国内体育旅游者平均月收入为 1 762 林吉特，而国外旅游者约是其 2 倍。这表明国外体育旅游者具备一定的经济基础，能够支付较为高昂的路费以及住宿费用。

---

① 胡明洋. 体育赛事旅游者的观赛动机及影响因素研究 [D]. 泉州：华侨大学，2020.
② 李博，叶心明. 体育旅游者行为影响因素分析 [J]. 体育科技文献通报，2013，21（4）：99-101.

3.1.2 参与型体育旅游者特征

参与型体育旅游者是指前往旅游目的地并亲自参与体育运动的游客群体，其主要目的是体验体育活动的乐趣，使身心愉快[①]。不同类型的体育活动对技术、体力、装备、场所的要求各异，因此，吸引的体育旅游者也有所不同。

李明杨（2021）分析了2020年日照市马拉松的参与者。结果显示，男性参与者约占80%，是女性参与者的4倍；年龄方面以31~50岁的中青年为主；超七成旅游者为大专或本科及以上学历；在收入方面，超半数旅游者年收入在5万~10万元，10万~30万元的高收入者占比超21%[②]。Aicher、Karadakis和Eddosary（2015）对美国西南部马拉松赛事参与者的分析显示，此赛事的参与者以女性为主，占比超70%，年龄多分布在26~45岁之间，学历以本科为主。夏敏慧等（2015）对海南体育旅游者进行了分析。在此研究中，男性游客占比约为女性的2倍；年龄特征方面，18~44岁的中青年较多，占比约为49%；文化程度方面，超80%的游客处于高中、中专以及本科学历水平；月收入主要在2 001~4 000元区间[③]。Dolinting、Yusof和Soon（2013）针对访问马来西亚基纳巴卢山的体育旅游者的研究显示，男性游客数量略多于女性游客。22~27岁的青年人占比最大，约为30%，超过80%的旅游者受过良好的教育，拥有本科或研究生学历。

值得注意的是，有些体育项目参与者的男女比例的差异显示了国家间的差异。以马拉松赛事为例，中国田径协会公布数据，2019年全国马拉松男性游客占比为74.63%，女性游客仅占25.37%[④]。而纽约国际马拉松赛事的统计数据显示，参与者中男性与女性游客比例为1∶1.4（Hmaidan，2019），女性比例超过男性。在教育背景方面，各国统计数据没有显著差距，参与体育旅游的游客文化程度普遍较高，以本科

① 文静，成天，李小红. 新时代参与型体育赛事旅游的开发模式及策略研究［J］. 浙江体育科学，2019，41（2）：37-40；85.
② 李明杨. 参与型体育旅游者的满意度研究［D］. 曲阜：曲阜师范大学，2021.
③ 夏敏慧，田晓玉，王辉，等. 体育旅游者行为特征的研究——以海南为例［J］. 沈阳体育学院学报，2015，34（01）：56-60；77.
④ 中国田径协会. 2019中国马拉松大数据分析报告［EB/OL］.［2020-05-01］. http：//www.athletics.org.cn/news/marathon/2020/0501/346438.html.

学历为主。文化程度的高低通常是影响游客体育旅游动机和旅游体验的关键因素[①]。在收入方面，游客多以中等收入为主且参与程度与收入高低呈正相关关系[②]。因为除基本的住宿以及交通成本外，参与体育运动所需的装备以及日常训练的花费要求参与者具备一定的经济基础。

3.2 体育旅游的动机

3.2.1 观赛型体育旅游者动机

胡明洋、雷雨冰和邢尊明（2022）在体育赛事旅游者观赛动机的实证研究中提取出9个关键观赛动机，分别是知识获取、球员魅力、团队认同感、审美认知、戏剧性、逃避压力、娱乐消遣、社会交往和体育兴趣[③]。具有不同观赛动机的体育旅游者呈现出不同的特征，主要可分为休闲型和球迷型。

休闲型观赛旅游者通常将观看体育赛事作为主要旅游活动，但同时也在目的地进行观光游览等活动。这类游客通常以娱乐消遣和缓解压力为主要观赛动机。他们希望通过现场观看体育赛事来逃离日常生活中沉重的压力，追求精神和心理上的放松。

球迷型观赛旅游者主要由某种体育运动或某个体育明星的粉丝组成，具有丰富体育赛事旅游经验。这类体育旅游者很大程度上受球员魅力和体育兴趣驱使，对运动的热爱和对球员的欣赏是推动他们进行观赛体育旅游的核心因素。图3-2展示了NBA球迷在赛后与球星韦德热烈拥抱的场面。

① 王居海. 基于游客特征的体育旅游市场分析研究 [J]. 渭南师范学院学报，2012，27（6）：88-91.
② 王俊淇. 西安市体育旅游者参与特征及优化对策研究 [D]. 西安：西安体育学院，2019.
③ 胡明洋，雷雨冰，邢尊明. 体育赛事旅游者观赛动机的实证研究 [J]. 四川体育科学，2022，41（4）：54-59.

图 3-2 NBA赛后球迷与球星互动

图片来源：佚名. NBA球星超暖心！赛后库里、韦德与粉丝亲切互动！[EB/OL]. [2018-01-08]. https://www.sohu.com/a/215316542_99975064.

3.2.2 参与型体育旅游者的动机

夏敏慧等（2015）将参与型体育旅游者的需求归为三大类，分别是求新求异、挑战自我和健身健美。每一类需求中包含多个具体动机，其中求新求异需求包括消遣娱乐、丰富生活、放松身心、获得新的经历以及享受过程；挑战自我需求主要包括挑战自我、满足需求以及证明自己的能力和价值；健身健美需求则包括增进健康、健美动机以及锻炼毅力[1]。不同的动机推动体育旅游者参与不同类型的体育旅游活动，主要可分为竞技类和健身休闲类[2]。

竞技类体育旅游者的主要目的是到旅游目的地参与体育比赛，如马拉松赛跑、铁人三项或自行车骑行比赛等（如图3-3所示）。这类群体的旅游动机通常以成就动机和满足需求动机为主。他们参加比赛是因为有机会挑战自己，并且可以通过与他人竞争和测试身体极限等行为，来

---

[1] 夏敏慧，田晓玉，王辉，等. 体育旅游者行为特征的研究——以海南为例 [J]. 沈阳体育学院学报，2015，34（1）：56-60；77.
[2] 王俊淇. 西安市体育旅游者参与特征及优化对策研究 [D]. 西安：西安体育学院，2019.

获得自我成就感。另外，他们希望通过运动在比赛过程中产生兴奋、快乐的感觉，来满足自己的情绪需求（Aicher et al.，2015）。他们通常具有明确的目的地和专一的体育项目选择。

图3-3 第七届"海洋杯"中国·平潭国际自行车嘉年华

图片来源：吕明. 公路车男子精英组比赛现场［EB/OL］.［2022-09-18］. http：//www.chinanews.com.cn/tp/2022/09-18/9855239.shtml.

健身休闲类体育旅游者多参与竞争性较低的体育活动，例如滑雪、潜水和登山等。他们多以消遣娱乐和增进健康作为主要旅游动机，一方面想要通过体育运动放松身心和丰富生活，逃离日常生活中的压力，另一方面希望利用体育运动调节生活，促进身体健康①。

3.3 体育旅游者的行为特征

体育活动通常具有一定的技能性、规则性和健身性，因此参与体育活动的旅游者往往具有不同于其他群体的行为特征：第一，在一定程度上掌握关于该体育项目的专业知识或运动技能，并想要通过继续参与来

---

① 夏敏慧，田晓玉，王辉，等. 体育旅游者行为特征的研究——以海南为例［J］. 沈阳体育学院学报，2015，34（1）：56-60；77.

精进自己的技能（Pomfret，2011；Kruger et al.，2015）；第二，旅游者会对于该体育项目有一定的情感联结和投入（Funk et al.，2006），且随着参与程度加深，情感联结也不断加深；第三，他们乐于不断重复参与同一项目或赛事（Cho et al.，2020），这也导致了体育旅游较高的重游率。

研究发现，参与型和观赛型体育旅游者的行为特征有所不同。潘静（2020）对2019年上海国际马拉松赛事的研究显示，参与赛事的旅游者旅游花费基本保持在3 500元以内，且消费主要用于住宿和交通[①]。在Jin、Zhou和Nadal（2022）对参与西班牙马略卡312骑行比赛的旅游者的研究中，近60%的游客停留时间通常在3~7天，只有13.5%的受访者停留了1~2天。这是因为他们在比赛前需要提前到达，进行相关的训练等活动。在支出方面，近53.3%的游客花费在750欧元以内，约23%的游客花费在750~1 000欧元之间。

王俊淇（2019）的研究结果显示，西安市以休闲健身为目的的参与型体育旅游者以短期旅游为主，多选择在节假日出行且停留时间通常在1~2天。旅游消费水平多在3 000~6 000元之间，处于中等水平；其中交通以及住宿支出占据主要部分[②]。Hodeck和Hofmann（2016）针对德国高原目的地的研究显示，该地体育旅游者参与体育活动呈现明显的季节性。在冬季，体育旅游者到此地滑雪（如图3-4所示），通常停留5天左右，而夏季主要活动是登山，仅停留3天左右。

针对观看体育赛事的粉丝和观众，Gibson等（2003）将其出游行为分为粉丝行为（being a fan）、朝拜行为（pilgrimages to the Mecca of game）以及追随行为（on the road with the team）。对粉丝而言，怀旧（nostalgia）动机往往能促使其追随自己喜欢的赛事或球队持续出游，或对以前的体育目的地进行重游。Fairley（2003）指出，这种体育旅游往往涉及同行人员的重聚，旨在重温以前一起出行观赛的记忆。游客以怀旧作为出游动机（nostalgia as motive），怀念以前的仪式（norms and

① 潘静. 自我决定理论视角下参与型体育赛事旅游消费行为意向研究 [D]. 上海：上海体育学院，2020.
② 王俊淇. 西安市体育旅游者参与特征及优化对策研究 [D]. 西安：西安体育学院，2019.

rituals as objects of nostalgia）、美好的经历（best experience as object of nostalgia），并基于以前的经历设计怀旧旅程（nostalgia as a basis for trip suggestions），且通过重聚实现了怀旧的目的（nostalgia through socialization），这些要素在出游前吸引游客参与，在行程中促进游客融入，在旅途后丰富记忆并促使未来重游（Fairley et al.，2018）。

图 3-4　德国楚格峰滑雪体育活动

图片来源：德国国家旅游局. GaPa，青春依旧的冬奥胜地l年末送豪礼 ［EB/OL］. ［2021-12-28］. https://mp.weixin.qq.com/s/sk1Y3Rj-RP1_LB7Nq25-8A.

　　Kwiatkowski 和 Könecke（2017）的研究结果显示，近50%的休闲型观赛旅游者会选择与家庭一起出行。他们通常会在出发前120天左右计划行程，愿意克服较长的路程并且在目的地停留更长的时间。在旅游支出方面，住宿和餐饮是主要花销。与休闲型观赛旅游者相比，球迷型观赛旅游者多数选择与朋友一起出游，而选择以家庭形式出游的比例较低。他们通常会在出行前160天左右开始计划。在旅游支出方面，球迷型旅游者总支出略高于休闲型旅游者，在比赛周边纪念品和酒吧消费等方面支出较大。值得注意的是，吴冰倩（2019）对参与上海ATP网球大师赛的研究结果显示，仅有球迷型旅游者中包含来自日本等海外地区的观赛者，说明该类旅游者对赛事具有强烈的向往和热爱，愿意克服个人与外界的多种制约因素，并投入价格不菲的交通和门票成本①。

Gholipour 等（2020）通过对南非世界杯（如图 3-5 所示）调研发现，球队比赛成绩是游客出行的影响因素，当球队在比赛中表现出众时，赛事举办地会在赛后一段时间内吸引更多游客前往该国旅游，在旅游过程中球队粉丝会出现集体仪式、暴力冲突以及过度酗酒等不同于日常的行为模式（McManus，2020）。此外，与独自出游相比，结伴出行的旅游者在赛事之外会参与更多的旅游休闲活动（Aicher et al.，2020）。

图 3-5 2010 年南非世界杯球迷欢呼雀跃

图片来源：佚名. 超经典的见证世界杯历史的照片！！燃爆整个朋友圈！[EB/OL]. [2018-06-20]. https://www.sohu.com/a/236743117_743786.

体育旅游者参与探险、体育或休闲旅游等利基领域通常受到各种因素的影响，包括时间、财务、年龄、家庭状况以及参与者对技能、风险感知、新颖性、冒险和挑战的看法。Kim 和 Chalip（2004）认为，消费者对体育赛事的兴趣极大程度提高了体育旅游的吸引力，而制约因素，

---

① 吴冰倩. 观赏型体育旅游者的观赛动机与限制因素对参与意愿的影响研究 [D]. 上海：上海体育学院，2019.

例如感知风险和财务限制，则抑制了这一愿望。李刚、孙晋海、代刚（2016）从体育旅游风险感知的角度对北京、郑州、济南、贵阳的城市居民消费行为进行实证研究，发现风险感知对体育旅游的重复参与意愿有直接影响，且体育旅游者的职业、年龄、收入和学历与其风险感知水平联系显著。其中 31~40 岁的消费群体风险感知水平较高，主要担心体育旅游途中的经济风险。从职业角度看，公务员群体的风险感知水平较低，而从事建筑等与制造业相关的职业群体的风险感知水平较高。从收入水平来看，月收入在 5 000 元以上群体的风险感知水平较高，主要表现在经济风险、功能风险以及心理风险三个方面。除此之外，风险感知水平随着学历的升高而升高，研究生学历群体的风险感知水平显著高于其他群体，会考虑在体育旅游过程中的各种风险[①]。

3.4 体育旅游者满意度

满意度很大程度影响着旅游者对于目的地的选择以及旅游过程中的消费行为，因此一向是学界关注的话题。Miragaia 和 Martins（2014）研究了葡萄牙滑雪度假村的游客，发现影响游客满意度的因素包括运动场地与设施、食宿条件和价格、可到达性以及社交因素。Padron-Avila 等（2021）对小型海岛目的地的研究显示，游客的满意度会受到当地旅游活动的影响，游客对当地特色活动的参与度越高，其满意度越高。

由于体育旅游者中很大一部分是体育赛事的观众或参与者，学者们也十分重视对该群体的满意度探究。观赛类体育旅游者的旅游体验不仅受到场地设施、工作人员和运动员表现的影响（Grove et al.，2012），同时，旅游者在赛前、赛中和赛后与其他观众和体育组织的互动也会影响其观赛体验。观赛类体育旅游者通常是在已有的兴趣和知识的推动下观看体育赛事，积极的现场互动和热烈的观赛氛围既有利于参与者提升对比赛项目的兴趣，同时也会鼓励他们进行额外消费，为当地创造更多

---

① 李刚，孙晋海，代刚. 城镇居民体育旅游风险知觉消费行为实证研究［J］. 北京体育大学学报，2016，39（6）：20-28.

的经济效益（Yoshida et al.，2014）。比赛场馆内热烈的气氛是游客在观看比赛的过程中保持积极参与的主要催化剂，在此基础上的互动可以进一步激发游客兴趣和参与度，并且这种互动可以由比赛场馆内部延伸到外部，例如游客们可以在比赛场地附近的酒吧或餐馆继续进行庆祝活动或者购买与赛事相关的纪念品（Cordina et al.，2019）。

史瑞应（2020）的研究表明，男性与女性游客在进行观赛体育旅游过程中的关注点差异较大，男性游客更注重与赛事相关的基础设施，例如体育场馆或赛道内部的布局、设施和配套服务等。而女性游客则更注重体育场馆或赛道内的外部网络通信和治安等相关服务。同时也比较关注旅游目的地环境和资源开发等问题。男性与女性游客关注点的另一个显著差异是在餐饮质量方面。女性游客比男性游客对餐饮服务的要求更高，更注重就餐环境、服务、价格等因素。而男性游客在餐饮服务方面更容易满足[①]。

大型国际体育赛事的游客满意度往往与目的地形象和游客对当地犯罪风险的感知程度有关，进而影响国际游客的重游意愿（Swart et al.，2018）；相比之下，小型体育赛事的游客满意度则更多受到体育赛事本身的形象及其社会效应的影响（Duan et al.，2020）。同时，游客的出游动机也会影响到其满意度——以寻求新鲜刺激和逃离日常生活为目的出游观赛的游客，往往满意度更高（Duan et al.，2020）。

除观赛者外，体育旅游者也包括赛事参与者，他们在比赛中的投入程度（contextual engagement）会影响其满意度，而认知投入（cognitive engagement）对满意度的影响最为显著，因为他们需要在比赛中运用并提升自身的技能和知识（Oklevik et al.，2021）。Akhoondnejad（2018）认为赛事质量会影响游客的情绪和忠诚度，而情绪又进一步影响了赛事价值和参与者的满意度。

---

① 史瑞应. 基于"人-地-业"三维视角的体育赛事旅游目的地发展研究［D］. 北京：北京体育大学，2020.

3.5 与体育消费行为相关的主要理论

用于解释体育消费行为的理论有很多，如心理发展图谱（Psychological Continuum Model）、深度休闲理论（Serious Leisure）、节事生涯模型（Event Career Ladder）、拟剧理论（Dramaturgical Theory）、休闲制约理论（Leisure Constraints）、具身体验理论（Embodied Experience）、本真性理论（Authenticity）、地方依赖理论（Place Attachment）、感知风险理论（Perceived Risk）以及其他关于消费者动机、体验、行为的理论。一些学者对体育旅游研究中用到的理论进行了系统的梳理，读者可参考谢彦君等[①]和王者等[②]学者的综述论文。本章着重介绍和后续实证研究关系最为密切的三个理论，即心理发展图谱、休闲制约理论和感知风险理论。

3.5.1 心理发展图谱

2001 年，Funk 和 James 提出了心理发展图谱模型（如图 3-6 所示），这一模型根据消费者与体育活动的心理连接程度（psychotical connection）将该模型分为连续的四个心理阶段，即，知晓（awareness）—吸引（attraction）—依恋（attachment）—忠诚（allegiance），每一个阶段的升级都伴随着消费者自我概念（self-concept）、情感重要性（affective significance）和态度持久性（attitude persistence）的提高。模型通过愉悦度（pleasure）、中心度（centrality）和象征度（sign）三个维度来评估消费者对某活动的心理连接水平。在体育赛事旅游的背景下，愉悦度是指人们对于该体育赛事的兴趣程度以及从中获得的愉悦感，中心度是指这项赛事在个人实际生活中的重要性，象征度是指参与该体育赛事在多大程度上能够反映消费者的个性和身份。

---

① 谢彦君，吴凯，于佳.体育旅游研究的历史流变及其具身体验转向［J］.上海体育学院学报，2021，45（11）：16-30；60.

② 王者，蒋依依，洪鹏飞等.体育旅游境外研究进展与展望［J］.中国生态旅游，2021，11（2）：176-189.

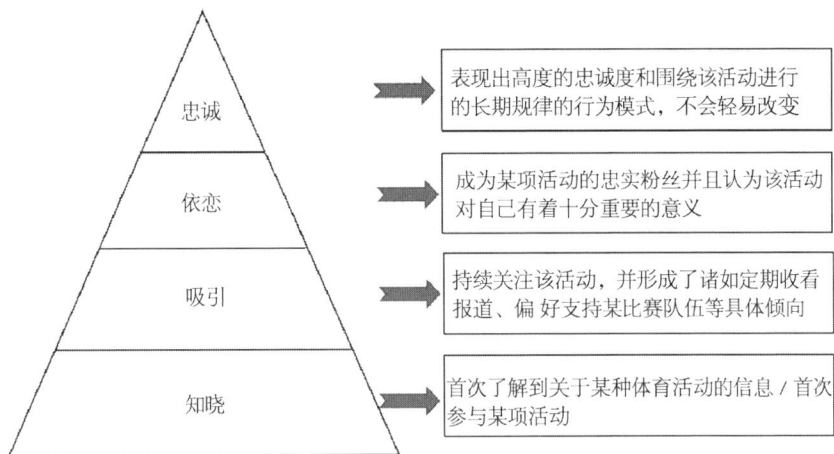

图 3-6　心理发展图谱

（1）知晓阶段

当人们首次了解到关于某项体育活动信息的时候，即处在"知晓"的阶段。知晓阶段是指人们通过家人、朋友或媒体听说某项体育活动，认识到该活动的存在。它标志着对这项体育活动的最初认识（Beaton et al.，2011）。在这个阶段，de Groot 和 Robinson（2008）认为人们没有特别感兴趣或最喜欢的运动队，因此在这个层次上如何以及何时认识新运动至关重要。在知晓阶段，人们对于该项活动的知识了解非常有限，也基本没有参与的经验，可能会搜索相关信息或偶尔体验尝试，也会和他人进行简单的探讨，但这些并非源于热爱，往往是一些被动的行为。研究表明，个人对尚未开展的活动的认知和态度会受到社会和文化信仰、媒体、家庭、同龄人和环境等外部因素的影响。这些因素对个人感知和期望身份的构建有很大影响（Beaton et al.，2011）。

（2）吸引阶段

Funk 和 James（2001）认为在这一阶段人们经过一段时间的持续关注，开始更多地参与到某项体育活动中并形成一些偏好（如定期收看关于该项运动的报道、支持某支球队等），并主动地了解运动规则、比较和评价不同的参赛队伍。此时，人们在心理层面上已经对这项体育活动产生了积极的情感，并能够从中感到愉悦。吸引是社会环境和享乐动机共同作用的结果。Beaton 等（2009）认为，在这个阶段，外部环境和内部因素都有很强的影响，个体对活动产生了积极的响应，然而心理联系仍然是不稳定和薄弱的。此外，Funk 等（2011）提出，作为尝试行为的体验是影响该体育活动吸引力的重要因素。如果个体在尝试参与过程中感受良好且得到积极的反馈，则会进入依恋阶段，反之则会退回到知晓阶段（Alexandris et al.，2017）。

（3）依恋阶段

当个体对某项运动或某支球队形成了稳定的心理联系时，他就进入了依恋阶段。依恋阶段的个体往往是某支球队的忠实粉丝且会现场观看球队的比赛。在这个阶段，个体与活动建立了更强的心理联系。这种心理联系也会使得个体给某个场所或物品（例如曾取得比赛胜利的体育场馆或球队标志）赋予独特的意义。个体对某项运动感到认同，因为他将其视为个人自我概念的延伸（Alexandris et al.，2017）。Funk 和 James（2001）认为依恋阶段通常更多地基于内在过程而非外在过程，属于这个阶段的个体主要受到内在动机的激励。随着心理联系的加强和稳定，相关的障碍和环境因素对参与的影响开始减少。行为结果更多地取决于个体，而不是社会环境（Beaton et al.，2011）。

（4）忠诚阶段

在忠诚阶段，个体与该体育活动建立了稳定而持久的心理联系。忠诚阶段的粉丝会表现出高度的忠诚并围绕该体育活动建立长期有规律的行为模式，如成为球迷俱乐部会员，并经常参与观赛活动，即使遇到一些障碍也会想方设法地克服甚至做出一定的牺牲。在这一阶段，个体对某项活动会十分投入，认为该活动代表了他们自己的核心价值观和信仰（Funk and James，2001）。忠诚阶段的个体对所热爱的体育运动或支持的队伍形成了稳定的态度，排斥意见相左的观点，坚持自己的选择和决定①。

de Groot 和 Robinson（2008）以心理发展图谱为基础，采访了一位澳大利亚足球联赛球迷及其家人和朋友，目的是考察一个人从最初被吸

---

① 胡长琪. 心理连续性模型（PCM）视角下美国终极格斗冠军赛（UFC）的中国市场推广研究［D］. 北京：首都体育学院，2020.

引到最终忠诚于球队的整个过程，这也为心理发展图谱提供了一个具体的研究案例。在知晓阶段，该球迷在其父亲的影响下第一次接触并观看了科林伍德队的比赛。随着了解的不断深化，该球迷对科林伍德队的兴趣越来越浓。他逐渐了解了足球的基本规则，并能够区分不同的团队。接下来，该球迷个人情感与球队的联系不断加强，他不仅支持科林伍德队，而且感觉自己是球队的一部分，科林伍德队的输赢对他来说具有重要的心理意义。当他回想起科林伍德队在 1984 年总决赛的失利，仍然能体会到当时痛苦的情绪。随着时间的推移，该球迷自身的价值观和信仰与球队达成一致，这代表了他对该球队的忠诚。在这个阶段，一种更加稳固的心理联系已经形成，这种联系很可能会持续一生。该球迷将科林伍德球队的标志文在了身上，以展示对该球队的支持和忠诚。

国外一些学者已经将心理发展图谱用于休闲、旅游和体育的市场研究中。Jeon 和 Casper（2020）以参与高尔夫运动的游客为调查对象，发现处在不同心理发展阶段的群体每年参与高尔夫运动的频率和打高尔夫的技能水平都有很大差异，阶段越高参与频率越高，运动技能越强；与此类似，Brandon-Lai 等学者（2015）指出，处于高级阶段的球迷，除了观看比赛之外，也更倾向于在实际生活中进行该项运动，且对于赛事和球队的周边产品有更强的购买力（Kunkel，Funk & King，2014）。除此之外，还有学者使用该模型对马拉松赛参与者（Beaton et al.，2011）、F1 方程式锦标赛观众（Zhang et al.，2019）等群体进行研究。相对而言，国内用到心理发展图谱的研究较为有限，该模型对中国旅游者的适用性还有待检验。

3.5.2 休闲制约理论

休闲制约是限制休闲偏好形成或阻碍人们参与并享受休闲活动的因素（Jackson，1991），包括阻碍人们参与休闲活动，或者导致人们削减休闲活动频率、强度或持续性的因素，以及那些降低休闲活动的质量或满意程度的因素。Crawford 和 Godbey（1987）将制约因素分为三类：个人内在制约、人际关系制约和结构性制约。

首先，个人内在制约因素是指影响消费者休闲参与或偏好的内在因素，例如兴趣、意识、知识，对自身技能水平的评价、身体状况、自信水平和价值观等①。根据休闲制约理论，这些个人内在制约因素首先进入决策过程。Alexander 等（2002）的研究结果表明，个人内在制约因素是消费者参与休闲体育活动最强大的约束，将直接阻止而不是限制他们的参与。

其次，人际制约因素源自社交状况问题和缺少参与休闲活动的机会，主要是指个体因没有适当或足够的休闲伙伴，而影响其休闲喜好或参与的因素，例如缺乏玩伴、休闲偏好不同或缺乏家人支持等②。Alexandris 等（2022）认为这是由于许多体育活动通常发生在社交环境中，或者需要小组团队合作所致。因此这类制约会对消费者的偏好和实际参与产生负面影响。

最后，结构性制约因素是指影响个体休闲偏好或参与的外在因素，如资金不足、时间紧张、设施匮乏、可达性差等③。此类限制性因素通常排在个人决策过程中的最后，它们更有可能改变而不是直接阻止个体参与休闲活动。

研究发现，人们可以通过休闲制约协商（negotiation of leisure constraints）克服阻碍，参与目标活动。休闲制约协商是指人们单独或集体用于降低或减轻制约的策略。比如，为了解决因为家务繁重而没有时间参与体育旅游的结构性制约问题，可以雇用家政服务人员处理家务，从而争取出旅游时间；为了解决家人对体育赛事不感兴趣、不愿一同前往的人际制约问题，可以邀请感兴趣的朋友一同观赛。Chun 等（2022）针对徒步旅游者的研究显示，参与徒步的动机对休闲制约协商有显著正向影响，但对实际参与徒步的结果没有显著影响。

Crawford、Jackson 和 Godbey（1991）通过一位小女孩学摔跤的例子来解释休闲制约。一位六年级的女生想要学习摔跤，但是绝大多数这个年纪的女生对此项运动都不感兴趣，因为所接受的教育告诉她们这不是

① 王改芳，沈建华. 上海市小学生余暇体育行为的影响因素研究——基于休闲限制理论视角［J］. 体育科研，2019，40（4）：99-104.
② 王改芳，沈建华. 上海市小学生余暇体育行为的影响因素研究——基于休闲限制理论视角［J］. 体育科研，2019，40（4）：99-104.
③ 王改芳，沈建华. 上海市小学生余暇体育行为的影响因素研究——基于休闲限制理论视角［J］. 体育科研，2019，40（4）：99-104.

一项女生应该参与的运动。在这一阶段，她的个人内在制约因素是阻止她参与的最大障碍。解除个人内在制约后，女孩面临着缺少共同参与这项运动的同伴的限制，同时，缺乏父母和老师的支持。而当她遇到几个愿意和她一起摔跤的同龄伙伴时，这类人际关系制约就被克服了。最后，如果她的父母或老师愿意为她们提供练习摔跤的器材和场地，那么结构性制约就被消除了。

这三类不同的制约因素不仅具有一定层级关系，而且对休闲行为阻障作用的程度与性质也各不相同。首先，个人内在制约和人际制约因素是"先在性的"，尤其前者，对休闲行为的作用是最为根本的。相比之下，结构性制约因素则是"扰乱性的"。当前多位国外学者的研究结果表明，这三类主要制约因素并非呈现严格的线性垂直排列，而是呈现复杂的相互关联①。同时 Crawford 等（1991）提出制约因素对休闲行为的作用不仅局限于影响个体是否开始参与休闲活动，还会直接影响个体参与的后续方面，例如个体参与的频率、专业化的程度、自我参与的程度，甚至个体对情境的定义。

目前，休闲制约理论已被应用到国内外体育旅游领域的研究中。Jeon 和 Casper（2021）基于心理发展图谱与休闲制约理论调查了高尔夫旅游者参与运动的状况，结果显示旅游者感知约束的强度随着心理发展阶段的升高而下降。首先，在知晓阶段和吸引阶段，旅游者面临的主要制约因素是对参与高尔夫运动缺乏自信和个人兴趣。在依恋阶段，主要制约因素是运动设施、人际关系、时间和球场可达性，这也是旅游者从依恋阶段上升到忠诚阶段的重要障碍。在忠诚阶段，各类制约因素的约束能力都随之减弱。牛子悦（2021）分析了不同类型滑雪旅游者面临的制约因素，其中从整体来看，对于技术竞赛型旅游者而言，缺乏休闲机会、雪场地理位置偏远、休闲时间不足以及个人技术不到位是最关键的制约因素，人际制约对其影响较小；对休闲健身型旅游消费者而言，地理位置偏远，高峰期人潮拥挤、交通不便，以及缺乏休闲机会与时间是最主要的制约因素，同时，这一群体受人际因素制约的程度要远高于技

① 陶卫宁，张淑珊. 基于休闲限制理论的澳门居民 MGP 相关休闲行为研究［J］. 旅游学刊，2016，31（6）：50-59.

术竞赛型群体；相比之下，除了缺乏时间和机会外，制约冒险刺激型滑雪旅游者参与滑雪的主要因素是缺乏场地、赛道体验感不足，人际制约因素对其影响不大[①]。马江涛等（2021）探讨了冰雪运动参与者休闲制约与变通策略的关系。研究发现个人内在制约对变通策略有显著的负向影响，结构性制约对变通策略有显著的正向影响，而人际制约对冰雪运动旅游者的变通策略影响不显著[②]。一些学者关注了某些特定群体参与体育旅游的障碍，如 Hua 和 Chiu（2013）分析了马来西亚女性参与体育赛事旅游的制约因素和应对方法，发现结构性制约和文化制约是这一群体的主要障碍，对此，马来西亚女性努力通过相互协作、学习技能、筹集资金和时间管理等方法克服这些阻碍。这些关于体育旅游制约因素的研究为供给方了解市场、改进服务提供了有益的借鉴。

3.5.3　感知风险理论

Bauer（1960）首先将感知风险（perceived risk）的概念从心理学中延伸出来，认为任何消费行为，都可能无法确切地预知结果。这种不确定性具体表现在两个方面，一方面是对购买结果是否能够满足购买目标不确定，另一方面是对错误的消费决策可能导致后果的严重程度不确定。因此，风险的最初概念是指消费者购买决策中隐含着对结果的不确定性。在此基础上，Cox 和 Rich（1964）认为感知风险是消费者在购买决策中感知到的风险的性质和程度。1969 年，Blankertz 和 Cox 又对其含义进行了进一步的解释，认为消费者的每个决策行为都具有一个明确的目标。如果消费者的主观感知不能保证他们的消费决策能够满足预期的目标，就可能产生负面或消极的结果，这就是感知风险。

20 世纪 80 年代，学者们开始对旅游业的感知风险进行研究，认为消费者感知风险的高低会影响游客对旅游目的地的最终选择，且感知风险会随着不确定性的提高而增加（Dayour et al.，2019）。Huang 等（2020）认为旅游业作为一种无形的服务业，感知风险通常很高。旅游

---

①　牛子悦. 休闲制约理论视域下影响消费者参与北京市滑雪体育旅游制约因素的研究[D]. 北京：首都体育学院，2021.
②　马江涛，李树旺，李京律，等. 大众冰雪运动参与休闲限制对变通策略的影响研究[J]. 沈阳体育学院学报，2021，40（1）：116-124.

者当对旅游目的地的感知风险较高时会担忧旅行的安全性，并最终可能规避对此旅游目的地的选择。因此旅游者感知风险会直接影响其对旅游目的地的选择。同时风险类型和消费者的个体差异将会影响其主观风险感知[①]。郭克锋（2009）指出旅游者进行旅游决策通常经历四个阶段，第一阶段产生旅游动机，第二阶段是旅游者搜寻和评价信息，第三阶段是决定最终目的地和旅游方式，第四阶段是在旅游过程中和旅游后的回顾。在不同的阶段会有不同的影响因素，而游客感知的风险将会左右最终的旅游决策[②]。

旅游活动风险的多样性决定了旅游感知风险的多维性[③]。Jacoby 和 Kaplan（1972）是较早对风险进行分类的学者，后来陆续有学者对风险的类别作进一步补充和说明（Moutinho，1987；Park and Tussyadiah，2016；Paker and Gök，2021）。目前研究中涉及较多的风险包括经济风险、自然灾害风险、健康风险、心理风险、恐怖主义风险和社会风险。经济风险是指旅游者在旅游过程中花费金钱却没能获得相应价值，以及出现不必要的财务支出的可能性；自然灾害风险是指在旅游过程中遇到自然灾害，如地震、暴雨让游客个人健康暴露于危险下的可能性；健康风险是指旅游者由于自身身体素质不适应目的地环境，或目的地的卫生状况损害游客身体健康的可能性；心理风险是指由于参与某项旅游活动而对消费者心理状态或自我认知产生消极影响的可能性；恐怖主义风险指游客去往存在恐怖主义的国家或地区旅游时自身安全受到当地恐怖组织威胁的可能性；社会风险是指游客的旅游选择没有得到亲朋好友的支持，被认为不合时宜或降低了个人社会地位的可能性。

国内很多学者也对旅游风险进行了研究。焦彦（2006）认为旅游风险维度主要包括目的地安全风险、健康风险、心理风险、交通风险等，并发现在旅游决策的不同阶段，不同类型感知风险的效应和影响具有差异[④]。除了上述维度，许晖、许守任和王睿智（2013）还提出了沟通风

① 张晓凤. 旅游风险感知与旅游行为决策关系研究 [D]. 郑州：河南工业大学，2017.
② 郭克锋. 旅游决策及其影响因素研究 [J]. 特区经济，2009（2）：152-153.
③ 白银霞. 有组织的休闲徒步旅游者风险感知的研究 [D]. 石河子：石河子大学，2018.
④ 焦彦. 基于旅游者偏好和知觉风险的旅游者决策模型分析 [J]. 旅游学刊，2006（5）：42-47.

险、服务风险和设施风险。沟通风险是指与当地人和同伴交流困难、产生文化误解、不能适应当地生活方式的可能性；服务风险是指因旅游经营者或从业者缺乏职业素质和规范管理而使服务质量低下等导致损失的可能性；设施风险是指住宿、游览等设施发生故障的可能性，以及由旅游设施的不可用带来心理预期落差的可能性[1]。

研究发现，感知风险对消费者行为有多方面的影响。周玲、黄朋飞和刘娇（2019）实证检验了川藏线骑行旅游者的感知风险对其忠诚度的影响。结果表明，自然风险对忠诚度有积极影响，而社会文化风险则对其存在消极影响[2]。白银霞（2018）以石河子休闲徒步旅游为例，对参与者的感知风险重要性进行排序，将医疗风险和自然灾害风险归为重要风险，将设施风险和组织风险归为次要风险，而社会风险则被归为最不重要的风险[3]。除此之外，黄谦、荀阳和葛小雨（2019）发现，负向口碑效应会直接或间接通过感知风险对参与型体育消费者的消费意愿产生影响[4]。此外，Johann 等（2022）的研究表明，旅游者的感知风险会对访问目的地的意愿产生消极影响，其中安全风险、社会风险、经济风险以及文化风险的影响最为突出。许咏媚（2020）研究了休闲潜水旅游者的感知风险与满意度的关系，发现身体风险对满意度有正向影响，社会风险、功能风险和时间风险对满意度有负向影响，而经济风险对满意度无显著影响[5]。

① 许晖，许守任，王睿智. 消费者旅游感知风险维度识别及差异分析 [J]. 旅游学刊，2013，28（12）：71-80.
② 周玲，黄朋飞，刘娇. 川藏线骑行旅游者风险感知对忠诚度的影响研究 [J]. 国土资源科技管理，2019，36（4）：13.
③ 白银霞. 有组织的休闲徒步旅游者风险感知的研究 [D]. 石河子：石河子大学，2018.
④ 黄谦，荀阳，葛小雨. 感知风险作用下的负向口碑效应对参与型体育消费意愿的影响 [G]. 中国体育科学学会. 第十一届全国体育科学大会论文摘要汇编，2019.
⑤ 许咏媚. 休闲潜水者感知风险对自发性表现行为的影响研究 [D]. 广州：广州大学，2020.

4 市场细分与培育

4.1 市场细分方法

市场细分的概念最早于 1956 年由美国市场学家温德尔·史密斯（Wendell Smith）提出。所谓市场细分就是指按照消费者的差异性把一个市场划分成若干个具有不同特征的子市场的过程。市场细分标准与市场细分的目的紧密相关，是进行差异化营销的前提与依据[①]。所有可能导致需求差异的内在因素，以及反映需求差异的外在因素，都可以作为细分的标准[②]。用于市场细分的标准通常可以分为以下四类：人口学特征、地理特征、心理特征和消费行为特征。

4.1.1 人口学特征

消费者是需求的载体，需求会因消费者不同的人口学特征而有所区

---

① 王辉.实用的市场细分方法思考 [J]. 现代商贸工业，2016，37（23）：58-60.
② 单靖涵.试析市场细分与产品细化给企业带来的优势 [J]. 中国市场，2021（16）：113-114.

别。人口学特征主要包括年龄、性别、家庭生命周期、收入、职业、受教育程度、宗教信仰等因素。这些因素通常比较容易识别和衡量。于素梅[①]曾以广东、北京、黑龙江、内蒙古、四川、河南6个省、自治区、直辖市150个区县的20 000名居民为调查对象，从性别、年龄、职业、学历、居住地和家庭收入6个因素对体育旅游消费者的人口学特征进行了分析。依据人口学特征对市场进行细分所需的人力物力成本较低、易操作，可以比较容易地了解细分市场的肖像特征。该细分方法的劣势在于其解释能力和预测价值较低。具有相似人口学特征的群体，可能因为生活方式的不同对体育旅游产品持有不同的态度，表现出不同的购买习惯和产品偏好，对市场促销手段也可能有完全不同的反应。

4.1.2　地理特征

地理细分是指根据消费者居住地点或消费地点的地理特征来划分市场。因为这个因素相对稳定，更容易确定和分析，所以被很多公司作为其市场细分的标准。地理特征的变量包括区域、地形、气候、城镇大小、交通状况等。由于不同的地理环境、气候条件和社会习俗的影响，同一地区内的消费者需求有一定的相似性，而不同地区的消费者需求可能存在明显的差异。张杰曾做过地理因素对体育消费的发展促进作用的相关研究[②]。研究将体育旅游目的地分为江河湖泊众多地带、多山地带、高原地带以及寒冷地带，分析了各地区独有的地理条件对于体育活动发展和体育消费的积极效应。按地理特征进行市场细分的优势是客观、直接、方便。而单纯依据地理位置或其他地理特征进行的市场细分往往会掩盖细分市场的实际差别。如同样位于东南亚地区的新加坡和越南，这两个国家的体育旅游市场的差异之处要远远多于它们的相似之处。

4.1.3　心理特征

心理细分是指根据消费者的价值观、生活方式、人格特征、信念态

① 于素梅.我国不同群体参与体育旅游的动机调查与分析［J］.广州体育学院学报，2007（4）：20-22.
② 张杰.地理因素对体育消费的发展促进研究［J］.体育风尚，2018（9）：294.

度等特征进行市场细分。根据马斯洛的需求层次理论，人们需要满足生理需求、安全需求、社交需求、尊重需求和自我实现的需求。一方面，不同消费者可能因为需求的不同，对体育旅游产品所持的态度和参与的程度有所差异；另一方面，同是参与体育旅游的群体，其目的、动机和期待的价值可能有所不同。以滑雪旅游为例，一部分旅游者的目的可能是强身健体，另一部分旅游者的目的可能是和家人或朋友共度休闲时光，还有一部分旅游者可能是为了挑战自我，提升滑雪技术。通过心理特征进行市场细分有利于理解不同消费群体的需求和期待，对产品设计和营销有重要的参考价值。然而心理细分所需的生活方式、需求、价值观、人格特征等信息调查起来十分复杂，而且被调查者可能因为心情、环境和情境等因素的影响在不同的时间给出不同的答案，导致市场细分的可靠性和稳定性偏低。

4.1.4 消费行为特征

消费行为细分是指依据消费者对产品或服务的消费行为特征，如使用频率、使用场合、使用时长、消费金额、忠诚度等进行市场细分。以消费行为特征为标准的市场细分能够让商家直观地了解各细分群体的消费规律、经济价值、市场潜力等信息，从而有针对性地选择目标细分市场，设计个性化产品服务和促销方案。与心理细分相比，消费行为数据更为客观、便于测量，与产品和服务的连接更加紧密。然而，要收集可靠的消费数据并非易事。如果通过问卷调查来收集，消费者可能很难精确回忆和计算出消费金额、出行频率、参与的活动等细节。如果通过商家的消费记录来统计，则涉及消费者隐私问题，而且很难汇总出每个消费者在不同商家的消费记录。因此，数据的可得性和可靠性是通过消费行为进行细分时需要考虑的重要问题。

4.2 体育旅游市场细分

体育旅游市场细分通常采用心理特征和消费行为特征等作为细分标准。一些研究综合运用了不同类型的特征对体育旅游市场进行分类研究。体育旅游市场细分方法中最普遍使用的是聚类分析法，也有的细分研究使用了以往经验分类（experience use history）、潜类别分析（latent class analysis）等其他方法（王立冬等，2021）[①]。细分标准的选择与研究目的息息相关，同时也需要考虑数据的可得性、可靠性和应用价值。

4.2.1　心理特征

心理特征是体育旅游市场细分的常用标准，包括动机、生活方式、自我认知、偏好等。动机是体育市场最常用的细分标准。Hungenberg等（2016）根据体育旅游者的动机对市场进行了细分，得到三类人群，即旅游导向型（tourism-oriented）消费者、体育旅游爱好者（sport tourism enthusiasts）和体育导向型（sport-oriented）消费者[②]。其中，体育旅游爱好者受体育类动机和旅游类动机双重驱使，他们更有可能传播积极的口碑；旅游导向型消费者大多因为目的地的吸引力出游，停留时间最长；体育导向型消费者主要是出于对运动的热爱，掌握运动技能是其主要的出行目的。与此类似，Nagy等（2021）也依据动机对参加水上运动的体育旅游者进行了市场细分，得出了四个群体类型，即体育导向型（sport-oriented）、非休闲型（leisure-ignoring）、休闲导向型（leisure-oriented）以及社交导向型（social-oriented）[③]。

Hallmann、Feiler和Breuer（2012）也基于动机对水上运动体育旅游者进行市场细分，得出了随意型（the casuals）和投入型（the committed）两个群体[④]。对投入型群体而言，体育活动对其度假旅行非常必要，而对随意性群体而言，体育活动的重要性相对较低。与此类似，Hennigs和Hallmann（2014）根据体育消费动机将风筝冲浪者和风帆冲浪者细分为随意型（casuals）、休闲型（recreational athletes）和核

① 王立冬，李旺，周子琳，等. 体育旅游市场细分研究进展 [J]. 体育科技文献通报，2021，29（8）：14-19.
② HUNGENBERG E, GRAY D, GOULD J, et al. An examination of motives underlying active sport tourist behavior: a market segmentation approach [J]. Journal of Sport & Tourism, 2016, 20（2）：81-101.
③ NAGY K Z, TÓTH K, GYÖMBÉR N, et al. Motives underlying water sport tourist behaviour: a segmentation approach [J]. World Leisure Journal, 2021, 63（1）：109-127.
④ HALLMANN K, FEILER S, BREUER C. Sport motivation as driver for segmenting sport tourists in coastal regions [J]. Tourism Review, 2012, 67（2）：4-12.

心型（core participants）①。随意型参与者的体育消费动机最弱，在水上练习的时间最少；核心型参与者的体育消费动机最强，在水上练习的时间最长；休闲型参与者的动机水平和练习时长介于二者之间。Kruger、Myburgh和Saayman（2016）以开普敦自行车赛的参与者为研究对象，按照参与动机进行市场细分，得到了三个群体：经常参赛者（regulars）、爱好者（devotees）和初学者（beginners）②。这些群体在消费行为上展示了显著差异，经常参赛者在装备和餐食上的花费最高，爱好者在这些项目上的花费最低，初学者居中。昌晶亮和余洪（2009）依据参赛动机将体育赛事旅游市场细分为参赛运动员、体育商务旅游者、助威队或球迷、一般体育观众四个群体，并针对各群体的特点提出了营销对策③。

Myburgh、Kruger和Saayman（2019）以生活方式调整情况为细分标准，把参加南非耐力运动赛事的运动员分为以下几类：认真投入型（serious）、机会主义型（opportunistic）和休闲型（recreational pursuers）④。其中，认真投入型参与者为了参与耐力运动，对自己的生活方式调整幅度最大，机会主义型参与者的调整程度居中，休闲型参与者的调整程度最低；这三个群体每年花在训练上的时间、参与比赛的次数和在运动上的消费金额的排序也是由高到低。

Terzić等（2021）依据价值观对参与型体育旅游者进行了细分，得出了冒险型、社会责任型和竞争型三个群体。冒险型群体喜欢改变，社会责任型群体更加保守，而竞争型参与者更注重自我提升⑤。

还有些细分研究采取了多个心理特征作为细分标准。如，Martínez-Cevallos等根据体育赛事参与者的感知质量、感知价值、满意度、未来

① HENNIGS B, HALLMANN K. A motivation-based segmentation study of kitesurfers and windsurfers [J]. Managing Sport and Leisure, 2015, 20（2）: 117-134.
② KRUGER M, MYBURGH E, SAAYMAN M. A motivation-based typology of road cyclists in the cape town cycle tour, South Africa [J]. Journal of Travel & Tourism Marketing, 2016, 33（3）: 380-403.
③ 昌晶亮，余洪. 我国赛事体育旅游市场细分及营销对策分析 [J]. 湖南城市学院学报（自然科学版），2009（1）: 73-76.
④ MYBURGH E, KRUGER M, SAAYMAN M. When sport becomes a way of life—a lifestyle market segmentation approach [J]. Managing Sport and Leisure, 2019, 24: 1-3, 97-118.
⑤ TERZIĆ A, DEMIROVIĆ D, PETREVSKA B, LIMBERT W. Active sport tourism in Europe: applying market segmentation model based on human values [J]. Journal of Hospitality & Tourism Research, 2021, 45（7）: 1214-1236.

参与意愿把马拉松赛事的参与者分为批判型（non-conformists）和随和型（conformists）①。前者对于赛事的评价整体分数较低，在感知质量、感知价值和满意度上都表现出消极态度，后者正好相反，各项评价都较高。

4.2.2　行为特征

有些学者以行为特征作为体育旅游市场的细分标准，如 Ferrucci、Forlani 和 Picciotti 根据训练强度、组织情况、自行车数量、体育花销等行为特征把自行车体育旅游者分为节俭型、竞争型、炫耀型、社交型和体验型五个群体②。节俭型群体大多是初学者，训练强度最低，参与俱乐部活动最少，在赛事、装备和旅游方面的花费最低；竞争型群体每周骑行次数最多，年均骑行里程最长；炫耀型群体在体育运动和装备上的花销最多，但运动强度一般；社交型群体积极参与俱乐部活动，他们是业余车队中最年长的成员，拥有最多的自行车；体验型群体乐于享受骑行带来的旅游体验，尽管他们骑行频率低、里程数少，但非常积极参加业余团队活动。毕奕萱（2021）以大学生的消费能力与旅游方式为基础将大学生旅游市场分为基本心理参与型、基本身体参与型、舒适心理参与型、舒适身体参与型、豪华心理参与型、豪华身体参与型六种类型③。

还有一些学者综合了心理和行为特征对市场进行细分，如 Kruger、Viljoen 和 Cronjé（2021）基于耐力赛马运动员参赛的动机和行为进行了市场细分，得出了成就者（equine achievers）、追逐者（equine pursuers）和挑战者（equine challengers）三个群体④。成就者最大的参赛动机是追求成就感，对赛事的忠诚度最高，训练时间最长；追逐者训练时间最短，参赛次数最少；挑战者参赛的重要动机之一是挑战成功，参赛时间

———————

①　MARTÍNEZ-CEVALLOS D, PROAÑO-GRIJALVA A, ALGUACIL M, et al. Segmentation of participants in a sports event using cluster analysis [R/OL]. Sustainability (Basel, Switzerland), 2020, 12.14: 5641.

②　FERRUCCI L, FORLANI F , PICCIOTTI A. Sports consumption behavior: discovering typologies of amateur cyclists [J]. Sport Tourism, 2021, 28 (4): 26-31.

③　毕奕萱. 大学生体育旅游市场细分及产品开发对策研究 [J]. 漫旅, 2021 (13): 41-43.

④　KRUGER M, VILJOEN A, CRONJÉ D. Hold your horses! A typology of endurance horse-riding participants [J]. Managing Sport and Leisure, 2021, 26 (6): 443-465.

最长、速度最快、消费最多。杨玉杰（2015）根据黄山市体育旅游人口特征、地理特征、人群心理特点、人群行为因素对其体育旅游市场进行细分，并针对不同群体提出了相应的营销策略[1]。

4.3 市场培育方法

4.3.1 体育旅游市场培育路径

任何市场的培育，都需要考虑供给和需求两个方面。一方面，在体育旅游市场发展的初期，尤其需要公共资金的投入，加强体育公共服务设施的建设，注重专业人才的培养，同时，培育一批高质量体育旅游企业，打造多样化、有吸引力的体育旅游产品，确保供给。另一方面，要针对潜在市场和实际市场的特点进行消费的引导、刺激、强化和提升。下面将从公共服务、人才培养和营销宣传三个方面介绍体育旅游市场的培育策略。

（1）公共服务

确保公共体育服务设施的数量和质量是鼓励大众参与体育运动，培养兴趣和习惯的前提。近年来，我国投入超过135亿元中央资金用于完善体育设施。国家体育总局提供的数据表明，2021年，我国共有体育场地397.14万个，场地面积共计34.11亿平方米，人均体育场地面积为2.41平方米。社区体育场地覆盖率和行政村场地设施覆盖率均已达到90%，后者甚至超过96%。此外，中央财政投入近47亿元，每年补贴上千个公共体育场馆，使其面对公众免费或低收费开放，帮助约2亿人次享受运动健身的优惠政策。各类运动场地中，篮球场地数量最多，其次是全民健身路径场地和乒乓球场地的数量（如图4-1所示）。

① 杨玉杰. 黄山市体育旅游市场细分与营销策略［J］. 冰雪运动，2015，（5）：75-78.

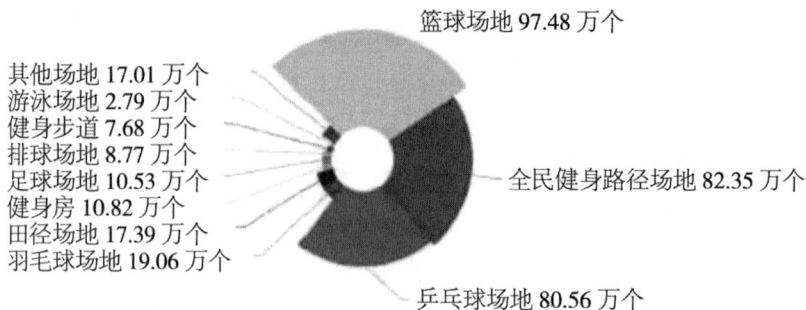

其他场地 17.01 万个
游泳场地 2.79 万个
健身步道 7.68 万个
排球场地 8.77 万个
足球场地 10.53 万个
健身房 10.82 万个
田径场地 17.39 万个
羽毛球场地 19.06 万个

篮球场地 97.48 万个

全民健身路径场地 82.35 万个

乒乓球场地 80.56 万个

图 4-1　各运动项目体育场地数量

图片来源：国家体育总局官网.

2022 年北京冬奥会点燃了国人对冰雪运动的热情，为冰雪体育旅游的发展提供了良好的契机。《全国冰雪场地设施建设规划（2016—2022 年）》指出，到 2022 年，国家预计建设滑雪场不少于 800 个，滑冰馆不少于 650 个[①]。据国家体育总局统计，目前全国冰雪运动场地有 2 261 个，场地面积为 0.77 亿平方米。其中，滑冰场地的数量为 1 450 个，占 64.13%；滑雪场地的数量为 811 个，占 35.87%。

（2）人才培养

人才是发展高质量体育旅游的关键。体育旅游资源的综合开发需要具备旅游、体育、管理等多学科知识的综合性人才，还需要体育运动项目教练员、裁判员、安全员等专业性人才。体育赛事的组织和宣传需要节事管理与运营人才，休闲体育旅游需要产品设计和营销人才，技术性运动（如攀岩、滑雪、滑冰）还需要专业人员对参与者进行培训指导。加强这类人才的培养，是发展体育旅游产业的必备条件。

人才培养的两个主要途径是学校教育和在职培训。高等院校是培养体育旅游高级管理人才的摇篮。我国有 33 所专业体育院校，设置的专业包括运动训练、社会体育指导与管理、休闲体育、冰雪运动、电子竞技运动与管理、运动康复等。体育旅游是近年新开设的专业，目前国内高校中，仅有上海体育学院、首都体育学院、西安体育学院、昌吉学院、桂林旅游学院和四川师范大学开设。

---

① 毕海宏，刘宇洋，梁强. 后冬奥时代张家口乡村体育旅游人才需求和培养路径 [C] //中国旅游研究院. 2022 中国旅游科学年会论文集：旅游人才建设与青年人才培养. [出版者不详]，2022：722-727.

除了学校教育外，还需要加强和规范在职培训，统一行业标准，把控认证质量，不断完善在职培训的内容、方法和效果。近年来由于滑雪人数日益增加，滑雪指导员短缺。在中国，对滑雪指导员的硬性从业资格要求是通过社会体育指导员（滑雪）国家职业资格培训，在国际上则由国际滑雪指导员联盟（ISIA）认证。近年来，中国滑雪培训机构与美国、加拿大、日本、新西兰等滑雪学校开展合作，引进国际滑雪培训体系。职业培训机构的技术性和专业性更强，是高校教育的补充。

（3）营销宣传

营销宣传应针对不同类型的消费者采取个性化的营销手段。对体育旅游产品尚不熟悉的潜在消费者而言，首先要通过其日常接触的信息渠道以新闻报道、广播电视节目、社交媒体话题、各类广告等形式将产品信息传播出去，让消费者对其有所了解，进而产生兴趣。体育活动是无形产品，其本质是参与的体验。因此，以文字和图片为基础的广告远没有真实经历更有说服力，尤其是对于需要一定技术的参与性体育活动，免费体验课要比最昂贵的电视广告更有说服力。第一次经历是否令人满意会在很大程度上影响其后续消费。

对于已经有一定体育旅游经历的消费者而言，他们对此类产品已经有初步了解，但可能由于价格、距离、时间或缺少同行人等原因不能经常参与。要提高这些消费者参与体育旅游的频率，应针对其面临的问题采取相应措施，如通过早鸟价、套票等手段提供优惠价格，通过在不同地点举办体育赛事以提供交通便利，通过在公共假期或学生假期时间开展活动以提供时间便利，通过多人或团体优惠吸引同伴共同出行。

对有丰富体育旅游经历的消费者而言，重点在于保持并提升其参与体验，将体育旅游融入其生活方式，建立情感联系、身份认同感和消费习惯。可以邀请其加入会员组织或忠诚计划，为会员定期提供相关产品的信息、提供会员专属优惠和参与特别活动的机会，在会员参与体育旅游的过程中给予特别的待遇，确保提供符合甚至超过其预期的体验，以巩固其忠诚度，提升其传播正向口碑的意愿。

4.3.2　体育旅游产品推广案例——NBA

第2章曾介绍过，NBA是全球最具影响力的篮球联赛。NBA对球迷的巨大吸引力与其系统性的市场培育与宣传策略是分不开的。下面以NBA为例，分析体育旅游产品的市场宣传手段及其影响。

（1）通过媒体进行全球化宣传

在NBA创立之初，其知名度和影响力十分有限，鲜有电视台转播NBA的比赛。直到20世纪70年代电视在美国家庭迅速普及，《版权法》的出台明确了职业体育联赛节目的合法地位，才为NBA联盟的市场培育带来了颠覆性的变化[①]。哥伦比亚广播电视台与NBA签订合约，以2 700万美元的转播费买下了1973—1974赛季的转播权，此后，电视转播权的售卖成为NBA的主要收入来源之一。目前，NBA正在与全球领先的电视机构合作，不断扩大全球电视转播网络，让NBA比赛得以在全球范围内播放，以提高联赛的价值。

随着互联网时代的到来，网络和社交媒体也成为NBA进行宣传的主要阵地。近年来，NBA在推特、脸书、微博等知名社交媒体平台建立了官方账号，这些官方账号上会发布最新的比赛信息和球员动态，和观众进行积极互动，向广大社交媒体用户展示篮球的魅力。互联网营销打破了以往宣传的时空界限，充分挖掘了NBA潜在市场的消费能力，NBA的影响力逐渐向海外拓展[②]。

（2）策划泛娱乐化的推广活动

除了借助媒体宣传等传统营销手段外，NBA还将比赛的竞技性和娱乐性完美融合，真正做到"体娱不分家"。NBA的"全明星周末"是世界知名的篮球娱乐活动，主要包括"新秀全明星挑战赛""扣篮大赛""全明星赛"等比赛活动，名人如Justin Timberlake（知名流行歌手）、Jamie Foxx（奥斯卡影帝）、Dr. Oz（美国电视节目主持人）等都热衷于参与这一体育盛事。这类特别的主题比赛可以提高观众的兴趣，也能吸

---

① 王建国. NBA联盟市场营销实施研究［J］. 北京体育大学学报，2010，33（9）：30-33.
② 王建国. NBA联盟市场的形成、细分及互动关系研究［J］. 成都体育学院学报，2010，36（4）：19-22.

引媒体的关注，从而增加联赛的宣传与曝光。

除了通过各种营销活动和宣传手段来提高关注度和扩大粉丝基础外，NBA还在不断探索新的市场渠道，以保持其领先地位。例如，它与各大电子游戏公司合作，推出了风靡全球的篮球游戏。腾讯游戏和2K sports共同开发的NBA2K online是中国首款NBA官方授权网游，吸引了众多的年轻粉丝和游戏爱好者，可以在娱乐之时让玩家潜移默化地接受NBA文化[①]。此外，它还与各大电影公司合作，拍摄篮球题材电影，例如由迈克尔·乔丹和勒布朗·詹姆斯先后主演的《空中大灌篮》系列；和Netflix合作拍摄聚焦于NBA舞台的《必胜球探》等。这些具有娱乐性质的推广活动在宣传篮球运动的同时满足了NBA球迷的追星需要，收获了众多球迷的喜爱与好评。

（3）组织公益活动提升影响力

在打造企业形象方面，NBA联盟还积极组织了以"NBA关怀行动（NBA Cares）"命名的一系列公益计划，鼓励球队和球星参与到慈善活动中。NBA注重社区服务，每支球队都成立了"社区服务部"，以提供教育资源、推广篮球运动等方式支持社区的发展。"Read to Achieve"也是NBA一项传统慈善活动，球星会到学校和社区为孩子们朗读书籍。NBA还举办了"少年NBA计划""篮球训练营"等项目，为热爱篮球的孩子们提供免费的篮球训练，不仅有助于提高篮球运动的社会影响力，也有助于改善社会环境。

同时，NBA联盟还与各大公益组织开展合作，通过篮球运动来宣传公益理念。为了提高篮球运动的可持续性，NBA也注重环保意识的宣传。它通过举办各种环保活动，宣传环保理念，以营造更加绿色健康的比赛环境。同时，它还与环保组织合作，推广环保项目，并鼓励球迷参与环保活动。这不仅有助于提高篮球运动的形象，也有助于增强社会对环境问题的重视。通过这些公益活动，NBA树立了一个有社会责任感的品牌形象，获得了来自不同地区消费者的广泛好评。

---

① 成文才. 体育媒介的体验式营销分析——以2K sports对NBA市场营销拓展影响为例 [J]. 传播与版权，2014（2）：152-153.

（4）采用灵活的价格策略

NBA联盟在比赛门票的价格制定上享有较大的自主权，随着比赛不断升级，门票价格也越来越高。比赛的门票可以分为季票、月票和普通票，不同的产品对应不同的价格，而在同一场比赛中，不同的观看位置也相应划分成包厢票、专座票、场边坐票和站票等不同价位的门票，价格从几美元到几千美元不等①。通过灵活调整价格的策略，NBA成功吸引了来自潜在市场、初级市场和成熟市场的球迷到现场观赛。

（5）打造球队和球星形象

NBA深谙开发球星对于市场开发的价值，经营者一直高度重视球队和球星的形象塑造。多年来，NBA缔造出无数篮球巨星，对球迷形成了强大的市场号召力。NBA通过媒体宣传球员的个人故事和职业生涯来增加球员的知名度，吸引观众的关注。例如，通过制作电影、纪录片、电视节目等形式，来展示球员的个人成长故事。同时，NBA还在社交平台上发布球员的动态，以提高球员的知名度，利用球星的光环效应，将球星的知名度与NBA品牌捆绑，成功地把明星价值转化为自身的品牌价值。NBA还持续吸纳国外优秀的球员，例如姚明、加索尔等，这样的方式迎合了球员所在国家的民族情结，扩大了自身的国际影响力。此外，NBA也注重培养年轻球员，普及篮球运动。它通过举办各种年龄段的比赛，为年轻球员提供平台，让他们展现自己的才华和潜力。同时，它还通过与各大高校篮球队的合作，为年轻球员提供更多机会，培养他们的篮球技能和实战经验。针对青少年的培养不仅为NBA挖掘了具有潜力的未来新星，也在一定程度上培育了青少年这一潜在消费市场。

（6）与商业伙伴合作宣传

NBA与众多全球知名品牌进行合作，共同开展营销活动。例如，与Nike、Adidas等知名运动品牌合作，一起推出篮球鞋和运动服装等产品，以提高品牌知名度。2017年，Nike取代Adidas成为NBA球衣供应商，推出了NBA新赛季30支球队的全新主题版球衣和与球迷互动的新

---

① 魏永，李伟超. NBA成功营销现状及策略的研究 [J]. 安徽体育科技，2010，31（1）：6-8.

技术 NikeConnect。Nike 旗下以 NBA 著名球星迈克尔·乔丹命名的空中飞人（Air Jordan）系列球鞋更是引起年轻人的竞相追捧，形成了独特的"鞋圈文化"，这也在一定程度上推广了篮球运动。对于初级市场和成熟市场的消费者而言，穿戴和使用带有 NBA 标志的产品不仅是他们表达自身喜好的方式，也是他们身体力行为 NBA 品牌做进一步宣传推广的方式。

（7）持续提升比赛质量

NBA 自成立以来，持续改进场馆设施在给球员提供优良比赛环境的同时，也为观众提供了更好的观赛条件。近年来，NBA 一直尝试通过投资科技来提高观众的体验，在球馆内引入先进的技术，如虚拟现实技术、数字化技术等，为球迷提供更加生动的观赛体验。随着科技的不断发展，数字化技术在体育行业中的应用越来越广泛。NBA 已经开始大力推广数字化平台，在线上平台提供各种数字内容，如直播比赛、比赛录像等，以满足观众对篮球运动的需求。对于球迷而言，观赛时的体验至关重要，良好的观赛感受会成为他们下一次消费的动力。NBA 始终从球迷角度出发，持续改进赛制，带给观众极具观赏性和对抗性的观赛体验。NBA 还制定了特殊规则以平衡球队实力，尽力做到让每场比赛都有看点。同时，NBA 也通过举办国际比赛来扩大其全球影响力。例如，它曾多次在中国举办季前赛和季后赛，以向中国球迷展示篮球的魅力。

总之，NBA 通过多种方式进行营销，针对处在不同阶段的潜在消费者和现实消费者进行全方位市场培育，包括全球宣传和营销、提供高质量的篮球体验、支持社会公益活动、培养年轻球员和与球迷互动等。这些方式不仅有助于提高 NBA 的知名度和受欢迎程度，也有助于增强球迷对篮球运动的热爱和对 NBA 品牌的忠诚。通过这些努力，NBA 已经成为全球最有价值的篮球品牌之一，对篮球运动的发展做出了巨大贡献。

5　辽宁省体育旅游发展现状

辽宁省是体育大省，在发展体育旅游方面具有得天独厚的优势，不仅自然资源和文化资源丰富，而且体育人才辈出，群众基础好。近年来，辽宁省体育产业供给侧结构性改革成效显著，各地体育场馆设施数量和质量都大幅度提升，各类专业和业余体育赛事吸引了越来越多的观众和参与者。然而，辽宁省在发展体育旅游的过程中还面临着一些障碍。本章将介绍辽宁省的体育旅游资源、发展现状和存在的问题。

5.1　辽宁省发展体育旅游的条件

5.1.1　自然条件

辽宁省地域辽阔，山川秀美，自然资源丰富，为开展多种类型的体育旅游提供了良好的基础。山林旅游资源是辽宁省体育旅游资源的重要组成部分。辽宁省的山地丘陵主要分布于辽东和辽西地区①，比较著名

---

① 杨秀芹. 辽宁省体育旅游市场现状与发展战略研究［J］. 商场现代化，2009（1）：229.

的山林旅游目的地有锦州医巫闾山、鞍山千山、本溪关门山、丹东凤凰山、阜新海棠山、营口望儿山等。这些山林资源可以开发登山旅游、户外探险旅游、森林徒步旅游等，符合条件的地区还可以开发冰雪旅游项目。

水域资源也是发展体育旅游的重要条件。辽宁省拥有近2 000千米海岸线，6.4万平方千米近海水域。滨海城市包括大连、丹东、营口、盘锦、锦州、葫芦岛等城市。这些城市可以依据自身条件开发海钓、帆船、帆板、摩托艇、冲浪、滑水、游泳、潜水、沙滩运动等体育活动。辽宁省还有丰富的江河资源，包括辽河、浑河、大凌河、太子河、绕阳河、鸭绿江六大水系，是开展龙舟、皮划艇、摩托艇等体育旅游活动的理想地点。

辽宁省属于温带季风性气候，夏季降水集中，冬季降雪丰沛，总体来看，夏、冬两季历时较长，春、秋两季较短且过渡快[1]。辽宁夏季平均气温不高，人体舒适度较高[2]，对参与水上运动的游客来说十分友好；冬季白天气温较为适宜从事冰雪运动。

优越的地理位置也为辽宁省发展旅游创造了良好的条件。辽宁省位于我国东北地区南部，地处东北亚中心，是中国面向东北亚唯一的陆海双重门户[3]，南临黄海、渤海，东与朝鲜一江相隔，与日本、韩国隔海相望[4]。辽宁交通便利，沈大高速公路被誉为"神州第一路"，全线贯穿沈阳、鞍山、辽阳、大连等重要旅游城市；拥有57条铁路干线，包括沈丹、长大、沈山、沈吉、锦承等，铁路密度位于全国首位；哈大高铁的通车，实现了东北地区主要城市高铁的贯通。此外，辽宁省还拥有沈阳、大连、鞍山、锦州、丹东、朝阳6个机场，航线涵盖日本、俄罗斯、韩国等国家及国内100多个大中城市；辽宁有五大港口，即大连港、锦州港、营口港、丹东港和葫芦岛港，与140多个国家和地区通

① 邢国友，张岚. 辽宁省体育旅游资源开发的优势与潜优势研究 [J]. 哈尔滨体育学院学报，2012，30（2）：68-71.
② 铁钰，代长义，郑超，等. 基于WSR框架下辽宁省体育旅游发展策略 [J]. 运动，2015（1）：143-144.
③ 邓鹏程，张颖，周颖. 休闲时间背景下辽宁省体育旅游优势与特色研究 [J]. 体育科技文献通报，2020，28（2）：21-23.
④ 李忠堂，杨睿.辽宁省冰雪体育旅游资源开发现状研究 [J]. 体育科技，2019，40（3）：87-88.

航。优越的地理位置和在此基础上形成的交通资源为体育旅游的发展提供了便利条件①。

5.1.2 文化资源

辽宁省是一个多民族聚居的省份，除汉族外，有 51 个少数民族，包括满族、朝鲜族、回族、锡伯族等；有少数民族自治县 8 个，少数民族人口共约 670 万人，约占全省人口的 16%②。辽宁省的少数民族在长期生活中形成了众多具有浓郁民族气息和地方特色的传统体育项目，共计 110 种左右，包括骑马、摔跤、射箭、双飞舞、荡秋千、溜冰车等（见表5-1）。这些少数民族的体育项目通常与传统生活习惯和自然条件有关③。满族、蒙古族、锡伯族善于骑射，传统体育活动有摔跤、射箭、骑马等。辽宁冬季寒冷，降雪多，因此滑冰、打冰嘎、雪地走、欻嘎拉哈、踢行头这类冰雪体育项目盛行。

表5-1　　　　**辽宁省的主要少数民族和民族特色体育项目**

少数民族	民族特色体育项目
满族	赛马、跳马、跳骆驼、冰嬉、荡秋千、滑雪、赛船、击球、珍珠球
朝鲜族	足球、摔跤、滑冰、跳板、荡秋千等
回族	心意六合拳、弹腿、踏脚、耍中幡、放鹰、木球、查拳、张家枪等
锡伯族	射箭、摔跤、打瓦、滑冰和欻嘎拉哈等

一些民族体育项目源于该民族的生产生活方式。比如，满族传统生活方式以渔猎为主，"珍珠球"是利用采珠的工具抄网，模仿采珠的动作进行的体育活动；朝鲜族以农耕生活为主，他们的"乞粒舞""农乐舞"中都体现了农耕动作；蒙古族以畜牧经济为主，马在生产生活中占

① 王维东.辽宁省体育旅游产业可持续发展的研究［J］.佳木斯职业学院学报，2018（3）：377-378.
② 佚名.全国各省市区概况［EB/OL］.［2014-02-12］.http://www.ln.gov.cn.
③ 夏学英，毛润泽.辽宁少数民族体育旅游资源开发研究［J］.沈阳师范大学学报（社会科学版），2004（2）：115-118.

有重要地位，蒙古族的"赛马""套马"等体育项目就是其日常生活中的特色体育项目①。

辽宁省的少数民族体育文化具有鲜明的民族特色。"雪地走"项目是清代宫廷女子在下雪后进行的娱乐活动，正式比赛时运动员需穿旗袍、带旗顶、穿木质花盆寸子鞋在雪中进行竞速运动。蒙古族的博克式摔跤比赛的开场和结束都伴随着不同的蒙古族长调。朝鲜族的传统体育，如秋千、花样跳板、巫舞等，要求参与者身穿华丽的民族服饰②。

辽宁省少数民族传统体育运动会是民族体育运动的盛会，由辽宁省民族和宗教事务委员会与辽宁省体育局联合主办、各市承办，每四年举行一届。第一届于1985年在阜新举行，第十届于2022年在营口举行。辽宁省少数民族运动会的历届参与人数为2 000人左右③，是各民族通过体育活动增进交流、同乐共聚的盛事。

综上，辽宁省少数民族传统体育项目众多，具有鲜明的地域特色和民族性，为发展体育旅游提供了良好的文化资源。各类民族体育活动和体育盛会不仅有利于参与者强身健体，也为促进民族交流、传承民族文化提供了平台。

5.1.3　场馆设施

辽宁省拥有优质的体育训练资源，包括各种类型的体育场馆和专业的体育训练基地。辽宁省体育局的数据显示，截至2021年年底，辽宁省有体育场地77 454个，体育场地总面积1.03亿平方米，人均场地面积2.42平方米。辽宁省体育场地数量分布情况如图5-1所示。

---

①　陈家鸣，杨春卉，王淳. 辽宁省少数民族体育文化的起源及特点研究 [J]. 当代体育科技，2014, 4 (31): 1-2.
②　鲅鱼圈文化旅游和广播电视局. 一图了解辽宁省第十届少数民族传统体育运动会 [EB/OL]. [2022-12-02]. https: //mp. weixin. qq. com/s? __biz=MzI3NjE1MDE3Nw== &mid=2707460091&idx=1&sn=5103a10d74c5346a56ad502b2230389d&chksm=cfedcd35f89a44238cf4bb9b7da73d4ba6f33387c9b1d61c1a1d7fb5c4acbdf5d3b0d620ad55&scene=27.
③　鲅鱼圈文化旅游和广播电视局. 一图了解辽宁省第十届少数民族传统体育运动会 [EB/OL]. [2022-12-02]. https: //mp. weixin. qq. com/s? __biz=MzI3NjE1MDE3Nw== &mid=2707460091&idx=1&sn=5103a10d74c5346a56ad502b2230389d&chksm=cfedcd35f89a44238cf4bb9b7da73d4ba6f33387c9b1d61c1a1d7fb5c4acbdf5d3b0d620ad55&scene=27.

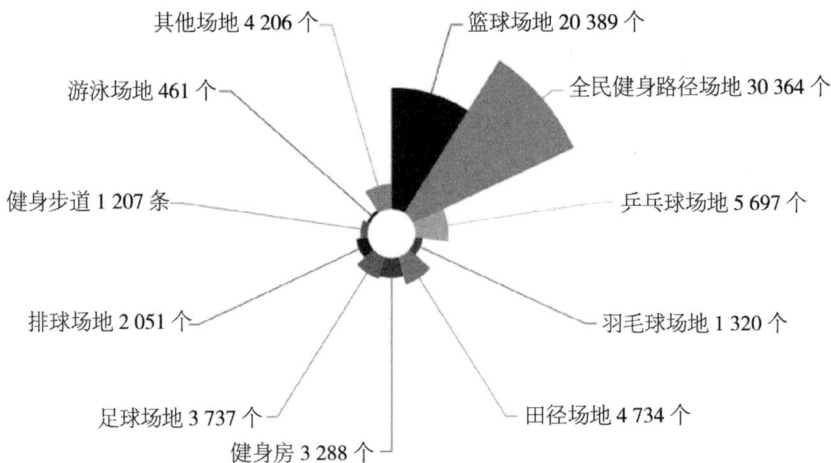

图5-1 辽宁省体育场地数量情况

数据来源：辽宁省体育局. 2021年辽宁省体育场地统计调查数据［EB/OL］. (2022-07-29)［2022-12-29］. https：//tyj. ln. gov. cn/tyj/zfxxgk/fdzdgknr/ys/js/qtgknr/ DA4D9EA1E84B492CBA353B6225EAC6D1/P020220729411040160072.pdf.

辽宁省拥有田径场地4 734个，场地面积3 697.95万平方米；游泳场地461个，场地面积375.12万平方米；球类运动场地35 515个，场地面积3 953.30万平方米，其中，足球、篮球、排球"三大球"场地26 177个，占73.71%。同时，辽宁省有冰雪运动场地128个，其中，滑冰场地71个，滑雪场地57个，场地总面积546.98万平方米；全民健身路径场地30 364个，场地面积138.05万平方米。依托这些场馆和训练基地，辽宁省培养了一代又一代优秀的运动员。辽宁省也通过这样的方式提高了其体育强省的知名度①。

5.1.4 群众基础

辽宁省群众体育基础好，无论是竞技体育的整体水平还是群众体育的普及程度在国内都处于领先地位。辽宁省积极发展职工体育、社区体育、村屯体育、校园体育、社会体育，已经连续多年被国家授予群众体育先进省。沈阳、大连、营口、丹东、盘锦有辽宁省的五大国际马拉松

---

① 辽宁省体育局. 2021年辽宁省体育场地统计调查数据［EB/OL］. (2022-07-29)［2022-12-29］. https：//tyj.ln.gov.cn/tyj/zfxxgk/fdzdgknr/ys/js/qtgknr/DA4D9EA1E84B492CBA353 B6225EAC6D1/P020220729411040160072.pdf.

赛事。与此同时，辽宁省还打造了十大系列品牌活动，即"奔跑辽宁""攀登辽宁""追球辽宁""寻迹辽宁""徒步辽宁""骑行辽宁""舞动辽宁""起动辽宁""冰雪辽宁""扬帆辽宁"，参赛人数每场达到数十万人。辽宁省的全民健身活动成效卓著，经常参加体育锻炼的人数达到46.49%，行政村体育健身工程覆盖率达到98.94%。

近年来，辽宁以"冰雪辽宁"建设为主题，以国家体育总局开展的"全国冰雪季""大众冰雪欢乐周"等活动为引领，以"辽宁省全民冰雪运动会""辽宁省百万市民上冰雪系列活动"两大赛事活动为平台，全面推进辽宁省群众性冬季运动的普及和提高。目前，辽宁省每年组织的省本级大型群众性冰雪赛事活动超200余场次，直接参与人数达数十万人次。这些活动具有规模大、影响广、示范性强等特点，既带来了良好的经济效益，又收获了较高的社会声誉。根据国家体育总局和国家统计局的数据，从参与冰雪运动人数看，辽宁排名全国第4位；从冰雪运动参与率看，辽宁排名全国第3位。强大的群众基础为促进体育旅游市场的快速发展提供了有利条件①。

5.1.5 体育人才

辽宁省是中国竞技体育强省，培养了众多出色的运动员。辽宁省体育局在《努力奔跑70载 辽宁体育追梦新时代》一文中，总结了自新中国成立以来的人才培养成果。辽宁省有中国第一位参加奥运会的运动员刘长春、"东方神鹿"王军霞、"乒坛一姐"王楠、"射击常青树"王义夫以及多次女排世界大赛冠军队员刘亚男等。在近三届夏季奥运会上，出了郭跃、李娜、孙玉洁、郑姝音、丁霞、颜妮、崔晓桐、刘洋等多位辽宁籍奥运会冠军；在近三届冬季奥运会上，辽宁体育健儿获得了6枚奖牌，其中包括1枚金牌。自首次参加现代奥运会以来，辽宁籍运动员已经取得了33枚奥运金牌的佳绩。

辽宁的足、篮、排水平全国领先。从1984年夺得首届足协杯冠军开始，辽宁足球队以"十连冠"雄霸中国足坛整整10年，并在1990年

---

① 辽宁省体育局. 努力奔跑70载 辽宁体育追梦新时代［EB/OL］.［2022-12-04］. https://www.sport.gov.cn/n14471/n14477/n14514/c928351/content.html.

首夺亚俱杯（现为亚冠联赛）冠军。中国足球进入职业化后，大连足球荣膺联赛"八冠王"，延续了老辽足的辉煌。辽宁男女排在全国联赛和全国大赛上8夺冠军；辽宁女足获得了10个全国冠军；辽宁女篮4夺中国女子篮球联赛冠军；辽宁男篮蝉联2017年和2021年两届全运会冠军，夺得2017—2018赛季和2021—2022赛季两届CBA总决赛冠军、四届CBA总决赛亚军。

同时，辽宁体育人才输出数量居全国第一。据统计，自改革开放以来，有上万名运动员和教练员从辽宁走向全国各省区市。其中，像马琳、刘子歌、马龙、李晓霞、刘诗雯、赵帅、惠若琪等知名运动员在近10年里代表其他省区市多次获得奥运冠军和世界冠军。在中国足球职业联赛中，有数百名辽宁籍球员和教练员代表其他省区市征战中超联赛赛场；在CBA赛场上，有近百名高水平运动员和教练员来自辽宁；此外在田径、乒乓球、曲棍球、水上、举摔柔、跆拳道等项目上，辽宁籍运动员和教练员遍布全国。这些优秀的运动员和教练员对体育爱好者有很强的影响力和号召力，是辽宁省作为体育旅游目的地形象的重要组成部分①。

5.1.6 政策扶持

近年来在国家政策的指导下，辽宁省出台了一系列措施促进体育产业的发展及其与旅游产业的融合，为体育旅游市场的成长提供了良好的政策环境。2011年发布的《中共辽宁省委 辽宁省人民政府关于加快我省体育事业发展的意见》指出，体育产业的发展将成为我省国民经济新的增长点，要积极培育体育市场，拉动体育消费，促进经济增长。2015年，辽宁省人民政府发布了《关于加快发展体育产业促进体育消费的实施意见》，提出了"一带二路三核九区"的产业布局。"一带"，即围绕辽宁沿海经济带建设，推动重要赛事、重大体育产业项目布局，打造沿海体育运动休闲产业带。"二路"，即依托沈大高速公路、京沈高速公路便捷、快速的互联互通网络，延伸以市场流、产品流、观众流为特色的

---

① 辽宁省体育局. 努力奔跑70载 辽宁体育追梦新时代［EB/OL］.［2022-12-04］. https://www.sport.gov.cn/n14471/n14477/n14514/c928351/content.html.

体育产业链，促进两路沿线城市间体育产业资源多向流动。"三核"，是指发挥以沈阳为中心的传统体育核心区、大连蓝色体育核心区和辽西体育商贸核心区的聚集效应。"九区"，意在形成以体育运动服务、职业赛事表演、体育用品产销、冰雪体育产业、水上运动产业、山地户外运动、城镇运动休闲、滨海湿地运动、生态运动健康为功能区的支撑体系。构建特色鲜明、功能互补、空间集约的体育产业布局，促进辽宁体育产业实现创新发展。

2016年，辽宁省出台了《体育领域供给侧结构性改革实施方案》，计划从体育基础设施、体育赛事、公共体育服务、特色体育活动和体育政策方面增加供给。同年出台的《关于加快发展健身休闲产业的实施意见》提出，要大力发展体育旅游，实施体育旅游精品示范工程，支持和引导有条件的旅游景区拓展体育旅游项目，鼓励省内旅行社结合健身休闲项目和体育赛事活动设计开发旅游产品和线路。2021年，《辽宁省促进冰雪运动发展的实施意见》为冰雪运动的普及提供了政策支持，倡导大力普及群众性冰雪运动，推进冰雪运动社会化。同年，《辽宁省"十四五"体育事业发展规划》提出，要积极拓展全民健身、体育赛事、体育文化、体育旅游等消费新空间，促进体育消费提档升级。一系列政策的颁布，为辽宁省体育旅游发展明确了方向，部署了行动方针和计划，提供了有力的支持。

5.2 辽宁省体育旅游市场发展现状

5.2.1 市场规模

辽宁省是我国的体育强省，近年来，在相关政策的指引和扶持下，已经初步建成了较为完善的体育产业体系；多业并举、共同发展的体育产业格局初步形成。辽宁省以举办大型体育赛事为契机，建成了一批现代化体育设施并投入使用，体育场馆也有了跨越式的发展。目前，辽宁省体育旅游产业规模高于全国平均水平，产业投资主体呈多元化格局。各级不同规模、不同类型的体育竞赛逐年增多，体育旅游消费市场日益壮大。经核算，2018年辽宁省体育产业总产出为1 003.80亿元，增加值为336.94亿元，体育产业增加值占全省生产总值比重为1.35%，连续4年保持两位数的增长速度。目前，辽宁拥有3个国家体育产业基地和3个国家级运动休闲特色小镇试点单位，以及67个省级体育产业示范基地、示范单位和示范项目。预计辽宁省体育产业总规模将在2025年实现突破2 000亿元的发展目标①。

5.2.2 主要产品和目的地

在发展过程中，辽宁省各市打造了一些标志性的体育旅游品牌，如大连国际徒步大会、沈阳棋盘山冰雪大世界、鞍山千山风景区、盘锦红海滩冰凌穿越、丹东天桥沟森林公园度假区等。下面将对这些活动和目的地提供的体育旅游产品及其推广方式做简要介绍。

（1）大连国际徒步大会

大连国际徒步大会始于2003年，是国内一流、国际知名的徒步活动（如图5-2所示）。该活动通常在每年5月的第三个周末举行（2020年由于新冠疫情推迟到9月25日至10月12日进行线上云徒步），由大连市人民政府主办，大连市徒步协会承办。活动的宗旨是"和平、健康、交流"②。大连国际徒步大会至今已经成功举办了二十届，由起初的7 000余人参与发展至每年20余万人参与的规模③。大连国际徒步大会是我国最早一批徒步活动之一，是大连最深入人心、最受欢迎、市民参与度最高的运动。

大连国际徒步大会不仅是大众健身体育盛事，也是促进国际交流的桥梁。2005年4月，"东亚之花"联盟正式结盟，此后日本久留米市和韩国西归浦市每年都会派出由副市长带领的各界企业人士、徒步爱好者来连参加大连国际徒步大会，借参会之机促进商业、文化等领域相互间的交流。2008年，国际徒步联盟组织了600余名荷兰徒步爱好者前来大

---

① 朱才威. 省体育产业发展大会举行：我省体育产业增加值连续四年两位数增长[N]. 辽宁日报，2020-10-16.
② 大连徒步网. 第二十届大连国际徒步大会［EB/OL］.［2022-12-11］. https：//www. dlwalking.com/index.php.
③ 大连徒步网. 历届大连国际徒步大会情况介绍［EB/OL］.［2022-12-10］. https：//www.dlwalking.com/index.php?p=danye&lanmu=6&id=15.

图5-2 第十七届大连国际徒步大会

图片来源：影子. 第十七届大连国际徒步大会东港主会场侧记之一［EB/OL］.
(2019-05-28)［2021-03-15］. https://www.meipian.cn/24n9l2f7.

连参加中荷友谊徒步大会。时任荷兰皇家徒步协会主席的特蒙特先生亲
自带队，不仅观赏了大连美丽风光，还促进了两国人民的友谊交流。
2016年，国际徒步联盟年会在大连举行，来自世界各地的代表参加了
大连国际徒步大会，感受到了属于大连的浪漫。

2021年1月，大连市徒步协会正式成为国际徒步联盟中国代表处，
标志着大连的徒步活动将会在国际徒步联盟全世界各成员国中更具影响
力，未来会吸引更多的国内外徒步爱好者访问大连，助力城市经济发展
和文化交流。同时也为国内更多城市开展徒步活动起到了引领、促进和
示范作用①。

（2）沈阳棋盘山冰雪大世界

沈阳棋盘山冰雪大世界位于沈阳东北部棋盘山风景区内，距市区17千
米，占地面积80多万平方米，雪道总面积达到14.7万平方米（如图5-3所
示）。棋盘山冰雪大世界始建于1993年，如今已经发展成为东北地区项目丰
富、设施完备的大型冰雪旅游胜地。从棋盘山正门至冰雪世界的彩灯迎宾

---

① 大连徒步网. 大连徒步协会［EB/OL］.［2022-12-07］. https://www.dlwalking.com/
index.php?p=danye&lanmu=6&id=17.

路为景观主轴，自然分为雪域、冰域两部分。雪域有滑雪场、雪圈乐园、粉红兔餐厅、咖啡乐园、轻奢露营地、萌兔雪雕园、冰雪CS野战场等近10个冰雪项目；冰域有冰上娱乐项目20余种，还拟建冰球场、滑冰场①。

图5-3　棋盘山冰雪大世界

图片来源：沈阳棋盘山风景名胜区管理局.沈阳棋盘山冰雪大世界［EB/OL］.［2022-08-15］.http：//www.syqpsjq.com/show/detail.html?id=1073.

棋盘山风景区是辽宁第一批4A级风景名胜区，冰雪大世界是闻名全国的全民上冰雪的打卡地，被誉为"东北冰雪旅游第一站""中国冰雪艺术之都"。每年接待游客数量近200万人。由于特殊的地理位置和地形地貌，该地冬季白天温度适合进行户外运动。这里也是中国沈阳国际冰雪节的举办地，除此之外，还有捕鱼节、冬泳节等体育活动和盛京灯会、关东庙会等节庆活动②。

（3）鞍山千山风景区

千山，古称积翠山，属长白山支脉。因相传有999座山峰，遥望仿佛青莲接天，因此又叫千朵莲花山，简称千山。千山主峰708.3米，是极其典型的山岳型风景区③。千山风景名胜区是首批国家重点风景名胜区、国家5A级旅游景区、全国十佳文明风景旅游区、国家森林公园、全国定向越野赛事示范项目、国家旅游服务标准示范项目。风景区旅游面积逾15万平方千米，最大游客接待能力75 000人④，年游客量达240万人次。

---

① 东北文旅.冰天雪地欢乐季金山银山棋盘山［EB/OL］.［2022-12-11］.https：//new.qq.com/rain/a/20230106A08MAM00.
② 棋盘山官方网站.棋盘山冰雪大世界冬日里的童话王国［EB/OL］.［2022-12-12］.http：//syqpsjq.com/detail/index.html?id=1043.
③ 千山景区官网.了解千山［EB/OL］.［2022-12-12］.http：//www.qianshanjingqu.com.
④ 千山景区官网.走进千山［EB/OL］.［2022-12-20］.http：//www.qianshanjingqu.com.

千山风景区采用"体育+旅游"发展方式，坚持以生态环境为本，建设东北著名旅游品牌。目前景区木栈道总长约5 000米，攀爬石阶总长约2万米，安全护栏总长度约1万米，专业滑雪场占地百亩。雪场拥有4 000余米长的针对不同等级滑手的专业雪道，4条专用拖拽设备，5 000件进口滑雪器材，以及6 000余平方米的综合服务设施。千山风景区先后成功举办2017和2018两届中国杯国际定向越野赛、2017—2019三届热气球光雕音乐节、全国群众登山健身大会（鞍山站）（如图5-4所示）、千山国际登山旅游节、2021鞍山梨花节暨"后英杯"鞍山首届全国山地超半程马拉松赛和千山冰雪嘉年华等体育旅游活动赛事。与此同时，景区实施创新"体育旅游+n"融合发展战略，凭借"一场三馆"成功举办了千山杯全国乒乓球锦标赛、四国男篮邀请赛、辽吉男篮对抗赛等体育盛会。这些赛事反响热烈，极大提升了千山品牌形象和知名度，实现了从单一旅游向"体育+旅游"的转变，成为展示鞍山形象和对外交流的重要窗口。

图5-4 2018年全国群众登山健身大会（鞍山站）

图片来源：佟利德. 上头条！这一次，千山被全国瞩目！[EB/OL].（2019-05-28）[2020-08-03].http://mt.sohu.com/20180602/n539568687.shtml.

（4）盘锦红海滩冰凌穿越

红海滩冰凌穿越是盘锦市依托中国最北海岸线原生态冰凌地貌和红

海滩国家 5A 级景区优势策划的系列活动（如图 5-5 所示）。冰凌穿越活动于每年 1 月至 2 月在辽河入海口辽东湾海域举办。特殊的旅游资源吸引了全球诸多户外运动爱好者。参与者需从红海滩廊道向海同心景点出发，沿着最北海岸线，历时两天一夜，跋涉 22 千米，经过徒步、露营、冰上闯关、攀冰等考验，完成全程冰凌穿越[①]。

图 5-5　盘锦红海滩冰凌穿越

图片来源：建国. 红旗飘飘歌声起 红海滩头越冰凌［EB/OL］.（2019-02-07）［2020-08-16］. https：//www.meipian.cn/1wi287uo.

　　该活动由盘锦市人民政府主办，自 2015 年第一届至今已经成功发展了近十年，从国际性的"生存挑战赛"到普及性的"全民体验活动"，"中国最北海岸线冰凌穿越"走出辽宁、面向全国、走向世界，已成为红海滩又一重要旅游品牌，两次入选中国体育文化博览会和中国体育旅游博览会"全国体育旅游十佳精品线路"，连续三年被国家体育总局、文化和旅游部评为"春节黄金周体育旅游精品线路"[②]。

　　红海滩冰凌穿越是"后北京冬奥时代"的地方冰雪产业的创造性发展，点燃了民众参与冰雪运动的热潮。活动吸引了来自市内外的千余名冰雪运动爱好者，有力推动了"冰雪+休闲""冰雪+文化""冰雪+体育"，打造了盘锦特色冬季旅游文化品牌，丰富了冰雪休闲旅游产品供

---

　　① 中国日报网. 2023 中国最北海岸线冰凌穿越挑战赛在盘锦举行［EB/OL］.［2023-01-16］. https：//baijiahao.baidu.com/s?id=1755165694123644098&wfr=spider&for=pc.
　　② 王思文，汤龙. 助力冬奥 盘锦红海滩冬季旅游持续升温［EB/OL］.［2022-01-21］. http：//ln.people.com.cn/n2/2022/0121/c400024-35106432.html.

给，满足了广大人民群众不断增长的冬季旅游需求。该活动深入挖掘利用了盘锦本地冰雪资源优势，把冰雪运动、冰雪产业真正融入了经济社会发展。

（5）丹东天桥沟森林公园

丹东天桥沟森林公园位于辽宁省宽甸满族自治县境内，是国家4A级风景旅游区，辽宁省"十佳森林公园"和"国防教育基地"。天桥沟森林公园属长白山脉老岭支脉，形成于1.4亿年前的侏罗纪晚期，其独特地貌被中外地质学家誉为"地球造山运动经典之作"。该地在新中国成立后隶属于国营黎明林场，1992作为森林公园正式对外开放。公园占地面积4 000多公顷，森林覆盖率逾96%。现有莲花峰、玉泉顶、尧月峰、天宫、栈道5大旅游景区共72个旅游景点，包括东北抗日联军遗址20多处①。

森林公园内设有天桥沟滑雪场（如图5-6所示）。滑雪场位于北纬41度的滑雪黄金带之上，与著名的滑雪胜地阿尔卑斯山脉处于同一纬度，有雪期长、雪量大、雪型美、雪质纯的自然优势。滑雪场核心区面积26.9平方千米，有5条雪道，总面积1 800亩，其中高级雪道海拔近千米，最大落差500多米，中级雪道全长2.2千米。滑雪场配有滑雪器材4 100套，配有索道、魔毯、压雪车、雪炮、雪枪等设施，开发了林海雪原、冰雪大世界、雪圈、雪地摩托以及东北抗联红色游、房车露营游、野山参文化游等40余种滑雪旅游项目②。

天桥沟森林公园目前已经打造了辽宁省大众滑雪比赛、辽宁省冬季旅游启动仪式、天桥沟枫叶节、天桥沟冰雪旅游节等品牌活动，吸引了越来越多的体育旅游爱好者。该度假区充分发挥了冬季冰雪资源富集的优势，推动了冰雪运动、冰雪产业与冰雪经济的发展，助力"冰天雪地"变成"金山银山"。

---

① 张颖. 基于SWOT分析法的天桥沟森林公园旅游开发现状研究［J］. 城市地理，2016（16）：19.
② 鸭绿江之窗. 丹东一地上榜！首批12家国家级滑雪旅游度假地公示［EB/OL］.［2022-12-15］. http://www.yljzc.com/zh/News_6131.html.

图 5-6　天桥沟滑雪场

图片来源：鸭绿江之窗. 丹东一地上榜！首批 12 家国家级滑雪旅游度假地公示 ［EB/OL］.［2022-12-15］. http://www.yljzc.com/zh/News_6131.html.

5.3　辽宁省体育旅游发展存在的主要问题

辽宁省具有发展体育旅游优越的自然条件和人文资源，群众体育基础好，场馆设施等硬件条件日臻完善，体育产业的产值日益增长，但在发展高质量体育旅游的道路上仍存在一些问题。主要体现在以下几个方面：

（1）产品多样性不足，同质化现象严重

辽宁省尚未形成多样化、高质量的体育旅游产品体系，无法满足旅游消费的需求。目前辽宁省体育旅游产品主要集中在马拉松、冰雪运动、海上运动等常规体育项目，不少项目还存在重复建设和盲目开发的倾向，缺乏产品创新与管理创新。产品多样性不足的原因在于体育旅游产品还处于初级开发阶段，当新推出体育旅游产品受市场欢迎后，许多同行业竞争企业盲目跟风模仿，而对新产品研发的持续投入不足。

（2）市场发展不成熟，重复消费比例低

辽宁省体育旅游的消费市场整体规模小，参与率和重复消费率低。以滑雪为例，《2020 中国滑雪产业白皮书》显示，一次性体验滑雪者占比为57.64%，重游率较高的忠实消费者比例极低，没有形成多层次的、稳定的消费市场结构。一方面原因是我省学校体育教育内容不够丰富。目前辽宁省中小学体育课教授的运动项目单一，集中于体能类和足球、篮球、排球等项目，青少年对其他运动项目的了解和掌握非常有限，很少有机会系统地认识和参与其他体育运动，如冰球、冰壶、滑水、冲浪、射箭、骑马等。因此，大部分消费者没有从小形成体育运动的长期兴趣和习惯。另一方面原因是针对成人消费者市场的培育不足，开发程度有限。大多数体育旅游者是一次性体验消费，而能够多次消费、规律性参与体育旅游的人数有待提高。

（3）教育培训供给不足，专业型人才紧缺

体育旅游资源的综合开发要有具备旅游、体育、管理等多学科知识和实践能力的人才。目前国内高校中，仅有上海体育学院、首都体育学院、西安体育学院、昌吉学院、桂林旅游学院和四川师范大学开设体育旅游专业，辽宁省尚无高校开设体育旅游专业。体育旅游作为新兴的跨学科专业，培养的专业人才数量不足，现有从业人员由于缺乏系统、规范的培训，其专业知识、服务能力、管理能力和风险应对能力十分有限。一些技术性运动（如攀岩、滑雪、滑冰），需要专业人员对参与者进行培训指导，而辽宁省这部分培训人员的数量和专业性都比较欠缺。究其原因在于体育旅游专业尚未在全国高校内普及，辽宁省高校的旅游管理专业和体育专业也很少在课程体系上出现交叉融合，导致体育旅游行业的专业性人才缺口较大。

（4）宣传促销手段欠佳，消费水平偏低

辽宁省对体育和旅游的宣传融合度较低，对体育赛事、体育活动的宣传没有纳入目的地的整体旅游营销规划中，缺乏和酒店、景区、活动策划单位、教育培训机构等相关单位的横向联动，缺少对大众富有吸引力的促销手段，没能达到促进体育旅游消费的理想效果。究其原因，一是体育和旅游主管部门分属两家，营销工作通常分开进行，宣传缺乏整体性；二是相关企业的交流合作不足，没能在产品创新和宣传上形成合力。宣传促销手段的有效性对潜在消费者向现实消费者的转化，以及初级消费者向中高级消费者的转化有直接影响。深入了解体育旅游市场各消费群体的特征、需求和偏好，在此基础上采取有针对性的宣传促销策略是培育市场的关键。

小结

综上所述，得天独厚的自然条件和丰富的文化资源为辽宁省发展体育旅游提供了良好的资源基础，各种类型的场馆设施、坚实的群众基础和系列扶持政策为体育旅游的发展提供了优越的条件。目前，辽宁省体育经济正按照"一带二路三核九区"的产业布局有序发展，打造了一些特色体育旅游品牌，如大连国际徒步大会、沈阳棋盘山冰雪大世界、盘锦红海滩冰凌穿越等。需要注意的是，辽宁省体育旅游还存在产品单一、市场不成熟、人才缺乏、营销不力等问题，需要在调查研究的基础上提出有针对性的解决方案。

6 辽宁省体育赛事旅游市场特征与培育路径

6.1 研究目标

基于前文提到的辽宁省体育旅游发展现状和存在的问题，本章考察了辽宁省体育赛事旅游市场，从需求方的视角深入了解辽宁省体育赛事市场的特征，根据消费者心理特征进行市场细分，探索各群体参与赛事旅游的制约因素，并有针对性地提出减少障碍、培育市场的途径。具体而言，本章的目标有：

第一，根据心理发展图谱模型对体育赛事旅游市场进行细分，并描述各细分群体的人口学特征；

第二，根据休闲制约理论，深入分析各细分市场参与体育赛事旅游的制约因素；

第三，测量各细分群体参与体育赛事旅游的意愿；

第四，分析各细分群体对不同促销手段的偏好；

第五，探索促进各细分群体参与体育赛事旅游的策略和方法。

6.2 研究方法与过程

研究采取了混合研究设计，包括文献资料分析、半结构式访谈和问卷调查三种收集数据的方法。

第一，2020年9月—2020年10月，研究团队对节事旅游和体育赛事领域的中外文文献、市场调研报告、辽宁省体育管理部门发布的信息和主流媒体中的新闻报道进行了梳理，总结了2000年以来该领域的主要研究主题、研究结果和研究方法，了解了近年国外和国内体育赛事市场的发展情况（见第1~4章相关部分），以及辽宁省发展赛事旅游的资源、潜力、阻碍和问题（见第5章）。研究发现，不同类型的节事活动和体育运动的普及度不同，对消费者时间、金钱、精力投入的要求也不同，对消费者参与不同类型体育运动的限制性因素也有所不同，因此应区分对待。据此，研究团队将下一步的研究聚焦在辽宁省发展基础好、市场潜力大的篮球赛事上。

第二，2020年11月—2021年2月，研究团队进行了半结构式访谈，通过目的性抽样法选择参与对象，涵盖了有一定篮球赛事参与经历的初级消费者、经常参与篮球赛事旅游的中高级消费者，以及对篮球赛事感兴趣但尚未有现场观赛经历的潜在消费者，了解这些群体对篮球赛事旅游的兴趣、态度、参与经历、制约因素和解决策略。这部分数据通过主题分析法进行分析。

第三，2021年3月—2021年5月，研究团队根据相关理论和半结构式访谈的结果设计了调查问卷。问卷分为以下几个部分：第一部分是依据心理发展图谱（Funk & James，2001）设计的问题，用于衡量消费者与篮球赛事旅游的心理连接程度，包含愉悦度、中心度和象征度3个维度，共9个题项；第二部分是以休闲制约量表（Chen & Petrick，2016）和之前的半结构式访谈为基础设计的问题，考察消费者参与篮球赛事旅游的制约因素，包含人际制约、个人内在制约和结构性制约3个维度，共14个题项；第二部分调查了消费者参与篮球赛事旅游的意愿（共3个题项）和对不同促销手段的喜好程度（共6个题项）；第四部分是人口学特征调查。前三部分的问题都使用李克特7点量表，请参与者针对相关题项的描述内容根据自己的情况选择从1到7的数字作答，1代表非常不同意，4代表中立，7代表非常同意。研究团队首先选择了40位参与者进行预调研。访谈对象对问卷提出了反馈和修改建议，调研团队对8个题项的措辞进行了调整。2021年6月—2021年11月，研究团队进行了第二次预调研，调整了部分题项的措辞和选项后，开始正式调研。调研采取了目的性取样法，选择了对篮球赛事关注度和参与度不同的群体，在体育教师、篮球队、球迷团体的帮助下，发放了600份问卷。

问卷的数据分析主要分为以下几步：第一，通过描述性分析介绍样本的人口学特征；第二，通过Cronbach's Alpha系数检验和验证性因子分析对问卷中涉及的量表进行信度和效度的检验；第三，运用系统聚类法（Ward法）对愉悦度、中心度和象征度三项指标进行聚类分析，按照消费者与篮球赛事旅游的心理连接程度对市场进行细分；第四，通过交叉表对比分析各细分市场的人口学特征及其参与篮球赛事旅游的频率；第五，通过ANOVA对比分析限制各细分市场参与篮球赛事旅游的制约因素、对不同促销手段的喜好和参与篮球赛事旅游的意愿。

6.3 访谈数据分析

6.3.1 受访者人口学特征

研究团队有目的地选取了20位潜在和现实体育旅游消费者进行半结构式访谈。受访者男女各占一半，年龄范围为17~64岁，其中，17~29岁9人，30~39岁6人，其余5人均在40岁以上；学历方面，本科及以上学历者14人，其余为高中和专科学历；婚姻状况方面，11人已婚，其中5人育有未成年子女，9人未婚未育；月收入方面，5 000~10 000元的8人，10 000元以上的4人；职业方面，有摄影师、国企员工、银行员工、西装店长、公务员、自由职业者、学生、教师、退休人员等。详情见表6-1。

表6-1 受访者人口学特征（体育赛事旅游）

序号	年龄	性别	受教育程度	职业	婚姻状况	孩子年龄	月收入（元）
1	20	男	本科	学生	未婚	未育	4 000*
2	28	女	研究生	教师	未婚	未育	6 000~7 000
3	33	男	本科	国企员工	已婚	6岁	7 000~8 000
4	49	男	大专	个体户	已婚	21岁	20 000
5	17	女	高中	学生	未婚	未育	1 000*
6	30	男	本科	公务员	已婚	2岁	7 000~8 000
7	24	女	研究生	学生	未婚	未育	3 000*
8	34	男	本科	摄影师	未婚	未育	10 000
9	50	男	本科	银行员工	已婚	24岁	12 000
10	53	女	专科	自由职业者	已婚	20岁	不固定
11	64	女	专科	退休人员	已婚	39岁	7 000
12	38	男	本科	自由职业者	已婚	10岁	8 000~10 000
13	20	女	本科	学生	未婚	未育	2 500*
14	28	女	研究生	教师	已婚	未育	10 000~15 000
15	48	男	大专	国企员工	已婚	23岁	3 500
16	20	女	本科	学生	未婚	未育	1 500*
17	28	男	本科	销售	未婚	未育	6 500
18	21	女	本科	学生	未婚	未育	3 000*
19	35	男	研究生	会计师	已婚	7岁、4岁	6 000
20	30	女	中专	西装店长	已婚	1岁	30 000~50 000

*学生的月收入指家里每月给的生活费。

6.3.2 访谈结果分析

（1）篮球赛事的参与情况

访谈首先调查了受访者参与篮球赛事旅游的情况。在20位受访者中，有11人曾经参与过篮球类赛事旅游。在参与过篮球赛事旅游的受访者中，有5位受访者表示篮球是他们在日常生活中经常参与且热爱的体育运动，其他6位受访者则表示他们参与篮球赛事旅游主要是因为受到爱好篮球的家人或朋友的影响。在篮球赛事旅游的参与频率方面，有3位受访者每年平均参与次数在3次以上，3位受访者每年平均参与1~2次，其余受访者每年参与次数不定或每年平均参与次数不足1次。受访者喜欢的赛事相对集中，CBA为大家的共同喜好。在这一基础上，青年受访者关注的赛事还有中国大学生篮球联赛，中年受访者还会关注全国男子篮球联赛，而女性受访者还会关注中国女子篮球联赛。

（2）了解赛事的信息渠道

互联网和线下分享是受访者获得体育赛事信息的两类主要渠道。在线上渠道中，赛事官方平台，如官方网站、小程序和微博是受访者主要的信息来源。除了官方信息来源之外，第三方抖音、微博和虎扑体育社区也是受访者常用的赛事信息渠道。线下分享是受访者获得相关信息的重要来源，就这一渠道而言，有7位受访者表示会从家人、朋友以及同学处获得比赛信息。了解赛事信息渠道的多样性与受访者对运动的兴趣有着明显的相关性，喜欢篮球运动的受访者通常会采用线上和线下多种渠道了解比赛的相关信息，而平常较少关注篮球运动的受访者则更多是通过家人或朋友分享获得相关信息。

（3）参与赛事旅游的原因

参与篮球赛事旅游主要有三类原因：个人兴趣爱好、社交需求以及休闲娱乐。个人兴趣爱好是受访者参与篮球赛事旅游的主要原因。访谈中，有5人表示自己对篮球运动及篮球赛事非常热爱。受访者表示，他们参与篮球赛事旅游的原因是希望通过观看篮球比赛使自身技能得以提高。同时，和偶像见面也是促使他们进行体育旅游的主要动机，很多受访者都希望能够在比赛现场见到自己喜欢的篮球明星。1位受访者

表示，

对篮球的喜欢是我参与赛事旅游的主要原因，我平时就对篮球比赛感兴趣，会通过各种渠道关注篮球比赛的信息。而且通过观看篮球比赛，我也可以看一下别人是怎么打球的，能够学到一些技巧。

（1号受访者，男，20岁，本科在读生，篮球爱好者）

与喜爱的球星见面也是现场观赛的主要动机。1位受访者提到，

我从初中开始接触篮球，觉得球星们很帅，很喜欢一个球星，上学的时候就专门去沈阳看过几次他的比赛。现在我住在大连，基本上每个赛季都会去长春或者沈阳看比赛，有时一个月3~4次，一年差不多10次。如果我喜欢的体育明星在的话，我一定不会错过这场比赛。

（12号受访者，男，38岁，自由职业者，初中开始接触篮球）

社交需求也是受访者参与体育赛事旅游的主要动机之一，这类受访者参与赛事旅游的原因主要是陪同他人观看篮球赛事，他们认为在旅程中可以增加与他人交流的机会，增长见识，并且希望能够通过一起参与赛事旅游的方式增进与家人或朋友的感情。在这种情况下，受访者的家人或朋友通常对篮球赛事有浓厚的兴趣。1位受访者表示，最初是因为受到丈夫的影响，后来自己也逐渐对篮球比赛产生了兴趣。

我陪我老公去看过一次在沈阳举办的CBA，一开始关注这些比赛就是为了陪他，但后来慢慢了解了一些比赛的规则，观看比赛的时候就觉得挺刺激的。现在我虽然不会打篮球，但是对这类比赛有了很大兴趣。

（14号受访者，女，28岁，教师）

另一位受访者是为了陪孩子。

我在去年和孙子去看了两场CBA篮球赛，偶尔也会从家人那里了解到一些赛事情况。我参加这种篮球赛事主要就是为了陪家人，我觉得一起参与这种体育赛事旅游可以增进感情。

（11号受访者，女，64岁，退休人员）

在体育赛事旅游中获得休闲娱乐的体验也是受访者参与篮球赛事旅游的主要原因。有4位受访者表示自己在参与体育赛事旅游的过程中感受到了热烈而充满激情的氛围，可以抛开生活琐事，放松心情，观赛经

历给他们留下了愉快而美好的记忆。1位受访者表示，

我去观看篮球比赛主要是为了放松心情，在工作之余能够获得一些快乐，并且和同事有一些聊天话题。

（9号受访者，男，50岁，银行员工）

另一位受访者提到，

我对中国女篮比较感兴趣，要是去现场观看比赛的话我会非常开心。我觉得CBA的全明星赛也挺吸引人的。而且体育旅游活动很有纪念意义，能留下美好回忆，让人暂时抛开日常琐事。

（10号受访者，女，53岁，自由职业者）

（4）制约因素

根据访谈结果，受访者参与体育赛事旅游的制约因素大多为结构性制约因素，包括环境因素和个人因素。环境因素包括疫情原因、交通拥堵、恶劣天气状况等。有15位受访者表示自己的出游计划受到了疫情的影响。1位受访者指出，

疫情期间旅游是比较困难的。疫情期间我基本不会离开大连，赛事也因为疫情总是被取消。

（12号受访者，男，38岁，自由职业者）

还有的受访者表示自己也遇到过飞机晚点、交通拥堵、由于天气不好导致赛事改期等情况。此外，1位20岁的大学生说自己对篮球体育明星有很大兴趣，但很多次都因为抢不到票而放弃出游。

个人因素包括由于学业、工作、家庭等原因，没有时间出游，以及体育旅游花销过大，难以负担。如，1位受访者解释，

我不能去观看篮球赛最主要的原因是我的工作时间不定，虽然有自由掌握的时间，但是摄影工作比较忙，不工作的时候得照顾家里老人，而且国内大型篮球赛事不多，举行地点多为大城市，比较远。

（8号受访者，男，34岁，摄影师）

还有4位受访者表示，阻碍他们参与体育赛事旅游的因素是该类旅游花销较大，当前的生活压力让他们暂时不把这类活动纳入预算。1位受访者表示，

这几年我参与篮球赛事旅游的阻碍主要就是来自家庭方面，我有两

个孩子，挣钱的压力比较大，也没有太多的时间去现场，现在基本都是在网上看比赛。

（19号受访者，男，35岁，会计师）

（5）促销手段偏好

根据受访者的反馈，与球星见面和价格促销是最有吸引力的营销手段。在20位受访者中，10人表示希望在体育赛事旅游中与明星球员和教练见面，得到纪念品。1位受访者表示，

如果有粉丝见面会，让我和我喜欢的体育明星见个面、拍张照的话，我会很乐意去参加这类旅游活动。虽然我对偶像的爱有点疯狂，但这真的是我梦寐以求的画面。

（13号受访者，女，20岁，本科在读生，篮球运动爱好者）

有7位受访者表示偏好更优惠的票价，如打折、团体票、2人同行1人免票等促销手段。1位受访者表示，

近几年我的工资也降了，没有太多闲钱，别的促销活动对于我来说也没有直接的优惠，吸引力不大。我觉得最直接的促销活动就是门票价格和机票价格能够低一点，这样我就能够多看几次比赛。

（15号受访者，男，48岁，国企员工）

此外，还有年龄较大的受访者对体育赛事的服务质量这一点更为关注。部分受访者表示，如果推出高质量的包价体育旅游产品，提供和体育赛事配套的食、住、行服务，目的地环境优美，也会吸引他们参与体育赛事旅游。

（6）未来参与意愿

18位受访者表示自己在未来会积极持续参与篮球赛事旅游，1位受访者表示近几年没有闲钱，会减少体育旅游的计划，过两年经济情况好转后仍会将体育赛事旅游作为一种休闲方式。余下的1位受访者表示，自己主要是被球星的魅力吸引才对篮球赛事较为感兴趣，但是未来参与体育旅游的可能性很小。以上表明，篮球赛事市场仍有很大的发展空间。

6.4 问卷数据分析

研究团队共发放问卷600份，剔除无效问卷后，有效问卷为497份。下面将汇报问卷数据分析的结果，包括样本人口学特征、用于市场细分的聚类分析结果、各细分市场的人口学特征、阻碍消费者参与篮球赛事旅游的制约因素、消费者对不同促销手段的偏好以及未来参与篮球赛事旅游的意愿。

6.4.1 样本特征

由表6-2可见，调查样本中男性样本比例偏高，为60.4%，女性样本比例为39.6%；从样本年龄结构看，18~34岁年龄段的比例最高，其中25~34岁占比45.3%；从受教育程度看，样本以本科学历为主，占比为67.2%；每月可支配收入方面，5 000元以下的占41.3%，5 000~8 999元的占37.8%。

表6-2   调查样本概况

人口学信息	组别	样本数	比例（%）
性别	男	300	60.4
	女	197	39.6
年龄	18岁以下	14	2.8
	18~24岁	123	24.7
	25~34岁	225	45.3
	35~44岁	102	20.5
	45~54岁	27	5.4
	55~64岁	4	0.8
	65岁及以上	2	0.4

人口学信息	组别	样本数	比例（%）
受教育程度	初中及以下	10	2.0
	中专或高中	21	4.2
	大专	71	14.3
	本科	334	67.2
	研究生及以上	61	12.3
每月可支配收入	3 000元以下	131	26.4
	3 000~4 999元	74	14.9
	5 000~6 999元	98	19.7
	7 000~8 999元	90	18.1
	9 000元及以上	104	20.9

6.4.2　量表信度与效度检验

研究通过 Cronbach's Alpha 系数检验了量表的信度。系数位于 0 到 1 之间，其值越大，代表内部信度越高。本研究用到的心理连接程度量表、休闲制约量表和未来参与意愿量表的 Cronbach's Alpha 系数分别为 0.953，0.887 和 0.857，均大于 0.7，说明题项有较高的内在一致性，量表信度良好。研究通过 AMOS19.0 软件进行了验证性因子分析，以实现对聚合效度和区别效度的检验。如表6-3所示，题项的标准化因子载荷在 0.517 与 0.924 之间，大于 0.5；组合信度（composite reliability，CR）大于 0.8；平均方差提取值（average variance extracted，AVE）在 0.491 和 0.830 之间，除了个人内在制约略小于 0.5 外，其他都大于 0.5，在可接受的范围内；这说明量表聚合效度达到要求。同时，如表6-4所示，各因子 AVE 的算术平方根均大于因子之间的相关系数，说明量表的区别效度也较好。

表6-3   聚合效度

题项	标准化因子载荷（standardized factor loadings）	组合信度（CR）	平均方差提取值（AVE）
愉悦度			
参与篮球赛事旅游是最让我有满足感的事情之一	0.924		
我非常享受参与篮球赛事旅游的过程	0.909	0.927	0.810
和其他活动相比，我认为篮球赛事旅游非常有趣	0.866		
中心度			
我的业余生活很大程度上是围绕着篮球赛事旅游展开的	0.892		
篮球赛事旅游在我的生活中占据着核心位置	0.921	0.936	0.830
我的大部分业余时间安排都围绕着篮球赛事旅游展开	0.92		
象征度			
参与篮球赛事旅游能展现我的个性	0.88		
当我参与篮球赛事旅游的时候，我能感受到真实的自我	0.901	0.916	0.784
篮球赛事旅游是我生活的一部分	0.875		
人际制约			
没有合适的同伴	0.648		
独自参与篮球赛事旅游很无趣	0.7	0.834	0.559
家人或朋友没有兴趣参与	0.853		
家人或朋友没有时间一同参与	0.773		
个人内在制约		0.85	0.491
参与篮球赛事旅游活动令我感到身体不适	0.737		

续表

题项	标准化因子载荷（standardized factor loadings）	组合信度（CR）	平均方差提取值（AVE）
参与篮球赛事旅游不能令我放松	0.794		
对篮球赛事旅游的了解有限	0.691		
对篮球赛事旅游缺乏兴趣	0.808		
参与篮球赛事旅游有风险	0.61		
参与篮球赛事旅游对体能要求过高	0.517		
结构性制约			
参与篮球赛事旅游开销过大	0.518		
没有时间参与	0.842	0.818	0.536
需要照顾家庭难以抽身	0.721		
工作/学习繁忙，难以抽身	0.804		
未来参与意愿			
我十分愿意参与篮球赛事旅游	0.650		
我想要参与篮球赛事旅游	0.916	0.873	0.700
我计划近期参与篮球赛事旅游	0.916		

表6-4　　　　　**各因子AVE的算术平方根与相关系数**

	未来参与意愿	结构性制约	个人内在制约	人际制约	象征度	中心度	愉悦度
未来参与意愿	0.837						
结构性制约	0.059	0.732					
个人内在制约	−0.362	0.474	0.701				

续表

	未来参与意愿	结构性制约	个人内在制约	人际制约	象征度	中心度	愉悦度
人际制约	0.004	0.703	0.486	0.748			
象征度	0.739	−0.026	−0.293	−0.04	0.885		
中心度	0.642	−0.125	−0.205	−0.091	0.868	0.911	
愉悦度	0.729	0.003	−0.362	−0.029	0.81	0.711	0.9

6.4.3 聚类分析

通过系统聚类法按照愉悦度（pleasure）、中心度（centrality）和象征度（sign）对样本进行聚类分析，根据心理发展图谱模型中划分的知晓—吸引—依恋—忠诚四个阶段，先把样本分为四组，但聚类结果不甚理想，愉悦度、中心度和象征度得分都最高的第四组，理论上应属于忠诚阶段，然而这组大多数参与人（61.8%）每年参与篮球赛事旅游的频率仅有1~2次，不符合忠诚阶段的行为特征。因此，选择心理特征和行为特征与实际情况更为相符的三组，其中第一组总人数为121人，占样本总量24.3%，与篮球赛事心理连接的三个维度的均值都低于3，属于心理发展图谱模型中的知晓阶段。第二类样本人数为206，占样本总量41.4%，三个维度的均值大多在3.7~4.9之间，与篮球赛事的心理连接度居中，对赛事活动表现了明显的兴趣，因此该组人群处在心理发展图谱模型中的吸引阶段。第三类人群样本总量为170，占样本总量的34.2%，三个维度的均值都高于5.3，与篮球赛事旅游的心理连接度较高，处在心理发展图谱模型中的依恋阶段。通过ANOVA检验发现，这三类人群的心理发展图谱指标有显著性差异（见表6-5），显示了分为三类的合理性。

表6-5 　　　　　　　　　　**心理发展图谱聚类分析结果**

维度	整体均值	知晓阶段 N=121	吸引阶段 N=206	依恋阶段 N=170	F值	p值
愉悦度	6.23	2.95	4.90	6.23	409.34	0.000
中心度	3.75	1.51	3.72	5.38	690.64	0.000
象征度	4.23	2.03	4.17	5.87	761.93	0.000

6.4.4　篮球赛事旅游细分市场的特征

研究团队对三组人群的人口学特征和每年参与篮球赛事旅游的频率进行了对比分析，结果见表6-6。

表6-6 　　　　　　　　**篮球赛事旅游细分市场的人口学特征**

人口学特征		知晓阶段（%）	吸引阶段（%）	依恋阶段（%）	p值
性别	男	53.7	59.4	65.9	0.109
	女	46.3	40.6	34.1	
年龄	18岁以下	5.0	1.5	2.9	0.028
	18~24岁	27.3	28.6	18.2	
	25~34岁	36.4	41.7	55.9	
	35~44岁	24.0	19.9	18.8	
	45~54岁	7.4	6.3	2.9	
	55~64岁	0	1.0	1.2	
	65岁及以上	0	1.0	0	
受教育程度	初中及以下	0.8	1.5	3.5	0.038
	中专或高中	3.3	3.9	5.3	
	大专	18.2	15.5	10.0	
	本科	60.3	65.5	74.1	

人口学特征		知晓阶段（%）	吸引阶段（%）	依恋阶段（%）	p值
	研究生及以上	17.4	13.6	7.1	
每月可支配收入	3 000元以下	28.1	29.1	21.8	0.034
	3 000~4 999元	17.4	18.9	8.2	
	5 000~6 999元	20.7	16.0	23.5	
	7 000~8 999元	14.9	17.5	21.2	
	9 000元及以上	19.0	18.4	25.3	
每年参与篮球赛事旅游的次数	没参与过	94.2	61.2	15.3	0.000
	1~2次	5.8	33.0	61.8	
	3~5次	0.0	4.4	18.8	
	5次以上	0.0	1.5	4.1	

知晓阶段：知晓阶段群体中男性占53.7%，略高于女性；24岁及以下的占32.3%，25~34岁的人占36.4%；60.3%有本科学历；月收入在5 000元及以上的占54.6%。这个群体绝大多数（94.2%）都没有参与篮球赛事旅游的经历。

吸引阶段：吸引阶段群体年龄集中在25~34岁（41.7%），24岁及以下的占30.1%，59.4%为男性，65.5%有本科学历，月收入在5 000元及以上的占51.9%。这个群体中33%的人每年参与篮球赛事旅游的次数为1~2次。

依恋阶段：依恋阶段群体大多数年龄在25~34岁（55.9%），男性占65.9%，受教育程度以本科为主（74.1%），70%的人月收入在5 000元及以上，在三个群体中教育水平和收入水平最高。这个群体中61.8%的人每年参与篮球赛事旅游的次数为1~2次，还有18.8%的人每年参与3~5次。

6.4.5　篮球赛事旅游制约因素分析

对消费者参与篮球赛事旅游的制约性因素分析显示，人际制约和结构性制约因素是限制消费者参与篮球赛事旅游的主要因素，同时，个人内在制约中，对篮球赛事旅游的了解有限是对知晓阶段和吸引阶段消费者的主要障碍。值得注意的是，三个细分市场都受到人际因素的制约，且程度无显著差别。

ANOVA检验结果显示，三个细分市场在参与篮球赛事旅游的1项人际制约因素、3项个人内在制约因素和2项结构性制约因素上有显著差异（见表6-7）。整体上看，"工作/学习繁忙，难以抽身"是对消费者影响最大的限制性因素，三个细分市场受此影响的程度无显著差别。在人际制约因素中，"家人或朋友没有兴趣参与"对知晓群体和吸引群体的影响显著大于依恋群体。在个人内在制约因素中，"参与篮球赛事旅游不能令我放松""对篮球赛事旅游的了解有限""对篮球赛事旅游缺乏兴趣"对知晓群体和吸引群体的影响要大于依恋群体。在结构性制约因素中，"参与篮球赛事旅游开销过大""没有时间参与"对依恋群体的影响显著小于知晓群体和吸引群体。

表6-7　　　　　　　　　参与篮球赛事旅游的制约因素

制约因素	题项	知晓阶段	吸引阶段	依恋阶段	均值	F值	p值
人际制约	家人或朋友没有兴趣参与	4.82	4.75	4.30	4.61	4.576	0.011
	没有合适的同伴	4.26	4.60	4.22	4.39	3.000	0.051
	独自参与篮球赛事旅游很无趣	4.79	4.69	4.51	4.65	1.138	0.321
	家人或朋友没有时间一同参与	4.71	4.93	4.77	4.82	0.878	0.416
个人内在制约	参与篮球赛事旅游不能令我放松	3.40	3.08	2.66	3.02	7.957	0.000

续表

制约因素	题项	知晓阶段	吸引阶段	依恋阶段	均值	F值	p值
	对篮球赛事旅游缺乏兴趣	4.86	3.68	2.82	3.68	50.271	0.000
	对篮球赛事旅游的了解有限	5.02	4.32	3.41	4.18	35.703	0.000
	参与篮球赛事旅游活动令我感到身体不适	2.98	3.09	2.71	2.93	2.913	0.055
	参与篮球赛事旅游有风险	3.61	3.73	3.45	3.61	1.393	0.249
	参与篮球赛事旅游对体能要求过高	4.06	4.23	4.09	4.14	0.572	0.565
结构性制约	参与篮球赛事旅游开销过大	4.18	4.53	4.06	4.29	5.264	0.005
	没有时间参与	5.02	4.97	4.46	4.81	7.558	0.001
	需要照顾家庭难以抽身	4.38	4.63	4.55	4.54	0.932	0.394
	工作/学习繁忙，难以抽身	5.04	5.07	4.86	4.99	1.148	0.318

6.4.6 参与篮球赛事旅游的意愿分析

ANOVA检验显示，三个细分市场的消费者参与篮球赛事旅游的意愿有显著差异。如表6-8所示，处在知晓阶段、吸引阶段和依恋阶段的消费者参与篮球赛事旅游的意愿依次升高。处在知晓阶段的消费者均值小于3，整体意愿不强，而吸引阶段和依恋阶段的消费者的参与意愿则都在4.50及以上，整体意愿比较强烈。

表6-8   细分市场参与篮球赛事旅游的意愿

	知晓阶段	吸引阶段	依恋阶段	均值	F 值	p 值
参与意愿	2.96	4.50	5.70	4.54	202.06	0.000

6.4.7　促销手段分析

ANOVA检验显示，三个细分市场对于不同的促销手段表现出不同的反应，且有显著差异。如表6-9所示，所有促销手段对知晓阶段、吸引阶段和依恋阶段的吸引力依次升高。六种促销手段中，吸引力最大的手段是"能够获得球星的签名和合影机会"，其次是"能够获得篮球赛事场地附近酒店订房优惠""2人同行1人免票""购团体票可享优惠票价"。

表6-9   促销手段对各细分市场的吸引力

题项	知晓阶段	吸引阶段	依恋阶段	均值	F 值	p 值
能够获得球星的签名和合影机会	4.33	5.17	5.96	5.24	42.50	0.000
能够获得篮球赛事场地附近酒店订房优惠	4.07	4.98	5.52	4.94	34.95	0.000
2人同行1人免票	4.07	4.86	5.49	4.89	33.08	0.000
购团体票可享优惠票价	3.77	4.94	5.58	4.87	62.74	0.000
能够获得免费的篮球体验课	3.55	4.83	5.52	4.76	68.67	0.000
能够获得参加篮球运动训练营的费用优惠	3.46	4.80	5.46	4.70	69.21	0.000

6.5　研究结果总结

本研究考察了辽宁省体育赛事旅游市场。采取了混合研究方案，通过资料分析、半结构式访谈和调查问卷相结合的方法收集数据，发现消费者对辽宁省的体育赛事旅游有很大热情。由于不同类型的体育赛事对参与者时间、资金、知识和技能的要求不同，鉴于时间和条件的限制，访谈和问卷调研部分选择聚焦在篮球赛事旅游的市场分析。

　　问卷调查基于心理发展图谱模型，通过愉悦度、中心度和象征度三个维度对篮球赛事旅游市场进行了细分，发现处在知晓阶段的消费者占24.3%，处在吸引阶段的消费者比例最大（41.4%），处在依恋阶段的消费者占34.2%，而符合忠诚阶段心理和行为特征的消费者寥寥无几。由此看来，我省体育赛事旅游的发展处于初级阶段，市场潜力巨大，急需有针对性地对赛事旅游市场进行培育，在扩大市场规模的同时，促进各阶段的消费者向高级阶段迈进。

　　三个细分市场受到制约因素的大小依次为人际因素、结构性因素和个人内在制约因素。依恋群体对篮球赛事的体验、兴趣、认知等个人因素方面受到的限制显著小于知晓群体和吸引群体；同时，依恋群体在时间、金钱等结构性因素方面受到的限制也小于其他两个群体；人际因素方面，"家人或朋友没有兴趣参与"对知晓群体和吸引群体的影响要显著大于依恋群体。三个细分市场在个人内在制约因素上的区别最为明显，结构性因素次之，最后是人际制约因素。

　　针对以上限制性因素，问卷设置了六种促销手段，分析结果显示，处在依恋阶段的消费者对这六种促销手段的反馈都高于吸引阶段的消费者，而吸引阶段消费者的反馈又高于知晓阶段的消费者。六种促销手段中，吸引力较大的是"能够获得球星的签名和合影机会""能够获得篮球赛事场地附近酒店订房优惠""2人同行1人免票""购团体票可享优惠票价"。最后，关于参与体育赛事旅游意愿的分析显示，知晓阶段、吸引阶段和依恋阶段的消费者参与体育赛事旅游的意愿依次升高。知晓阶段的消费者参与意愿较弱，吸引阶段和依恋阶段的消费者参与意愿较强，显示了这两个细分市场的巨大潜力。

6.6　体育赛事旅游市场培育建议

　　第一，对篮球赛事了解有限是制约潜在市场参与赛事旅游的主要因素，因此建议借助学校教育和学生篮球比赛，培养消费者对篮球运动的兴趣，增加消费者对篮球运动和篮球赛事的了解，提升公众参与篮球运动的程度和对赛事的关注度。在大中小学的体育教育中，加大篮球运动和篮球赛事内容的分量，从小培养消费者对篮球的兴趣和认知。同时，增加省、市、县（区）大中小学篮球比赛的数量，可在寒暑假、公共假期时间段安排更多的比赛，将观众席对公众开放，培养学生和公众参与篮球赛事的兴趣和习惯。

第二，加强社交媒体和短视频平台在篮球运动和篮球赛事宣传中的作用。研究显示，篮球赛事的消费者主体是18~34岁的年轻人，而这些人群日常使用的信息获取渠道是微信、微博、小红书、哔哩哔哩、抖音等社交媒体和短视频平台，因此，应在这些渠道上加大对篮球赛事的宣传，设置专栏和专题报道，通过短视频、线上直播、互动活动等形式，推广篮球运动和赛事文化。

第三，针对细分市场的需求，采取有效的促销策略。首先，鉴于体育明星对消费者的影响力，可以组织赛后球星见面会、庆功宴等活动，提供与球星近距离接触的机会，将入场券和赛事门票组合为套餐销售，以此吸引更多的人到现场观赛；其次，为降低人际制约因素对知晓群体、吸引群体和依恋群体的影响，赛事组织方可以和企事业单位的工会、篮球俱乐部等组织合作，出售赛事门票的团体优惠票。工会可以将门票作为职工福利发放给员工，俱乐部可以此作为会员的优惠购票待遇，鼓励同单位、同俱乐部的成员一起参与赛事旅游。最后，为降低结构性制约因素对知晓群体和吸引群体的影响，培养青年消费者的参赛兴趣，建议针对大专院校的学生群体采取"2人同行1人免票"的优惠。赛事组织方可以与大专院校的学生组织合作，或通过校园代理的形式，向学生群体出售"2人同行1人免票"的优惠票和团体票，尤其是寒暑假期间的比赛门票，通过票价优惠鼓励他们在空闲时间参与篮球赛事旅游。

第四，丰富篮球赛事旅游的形式，和研学、亲子活动进行有机的结合。赛事组织者可以和体校、篮球训练班、俱乐部、学校等合作，推出冬令营和夏令营的篮球赛事旅游活动，在培训期间穿插现场观赛的安排和旅游观光活动。对于年龄小的学生，可以推出家长一同前往的亲子套餐，在学生参与训练的期间为家长们提供单独的旅游观光活动。这样，既可以解决限制消费者的人际制约，又有利于培养青少年市场在篮球方面的兴趣和技能，解决其个人内在制约。

第五，在篮球赛事的时间安排上，应与本地其他节庆活动的时间做好整体协调，打好组合牌。负责目的地营销的组织应在每年年底制定出下一年度本地所有节事活动的日历，并通过官方网站、微信小程序、社交媒体、电视广播等途径做好宣传，让消费者能够充分了解参与各类活动的机会，提升他们参与赛事旅游的意愿。比如，可以把啤酒节、葡萄酒节、美食节等节庆活动安排在篮球赛事活动之后，让参与完篮球赛事的旅游者能够继续留在目的地参加其他节庆活动。这样，既能够丰富消费者的旅游体验，又能增加当地的经济收入。

7 辽宁省休闲体育旅游市场特征与培育路径

7.1 研究目标

本章考察了辽宁省休闲体育旅游市场，旨在了解各细分市场的特征与偏好，并有针对性地提出培育市场的路径。具体而言，本章的目标有：

第一，根据心理发展图谱模型对休闲体育旅游市场进行细分，并描述各细分群体的人口学特征；

第二，明确各细分群体参与休闲体育旅游的制约因素；

第三，了解各细分群体对疫情过后参与休闲体育旅游的感知风险；

第四，测量各细分群体参与休闲体育旅游的意愿；

第五，探索促进各细分群体参与休闲体育旅游的策略和方法。

7.2 研究过程与方法

研究采取了混合研究设计，包括文献资料分析、半结构式访谈和问卷调查三种收集数据的方法。

研究的第一阶段（2020 年 7 月—2021 年 1 月）是根据研究目标进行文献资料的搜集和分析，主要包括两类资料：一是和休闲体育旅游相关的学术文献，二是和休闲体育旅游相关的业界资料，包括市场报告、趋势分析、新闻报道等，旨在了解本领域的研究进展、研究方法、近年国外和国内休闲体育市场的发展情况（见第 1~4 章相关部分），以及我省发展休闲体育旅游的资源、潜力、阻碍和问题（见第 5 章）。研究发现，不同类型的休闲体育运动的普及度不同，对运动场地、装备器材、消费者的时间和金钱投入的要求也不同，对地方经济的带动作用也有所不同，因此应区分对待。2020 年，辽宁省政府发布《关于加快推进冰雪运动发展的实施意见》，提出要大力普及群众性冰雪运动。据此，研究团队将下一步的研究聚焦在辽宁省资源基础好、市场普及潜力大的滑雪体育旅游上。

研究的第二阶段是半结构式访谈。2021 年 2 月—6 月，研究团队通过目的性抽样法选择了不同层次的滑雪旅游消费者，包括潜在旅游者、有一定经历的初级滑雪旅游者和经常参与滑雪旅游的中高级消费者，通过半结构式访谈的形式了解不同群体对滑雪旅游的兴趣、参与经历、制约因素和感知风险，对这部分数据通过主题分析法进行分析。

研究的第三阶段是问卷调查。在上述研究结果的基础上设计调查问卷，问卷的第一部分以心理发展图谱（Funk & James，2001）为基础设计相关问题，用于测试滑雪体育旅游者对该活动的心理连接程度，包含愉悦度、中心度和象征度 3 个维度，共 9 个题项；第二部分以休闲制约量表（Chen & Petrick，2016）和第一步的访谈结果为基础设计相关问题，测量消费者参与滑雪体育旅游的制约因素，包含人际制约、个人内在制约和结构性制约 3 个维度，共 14 个题项；第三部分以风险感知量表（Huang，et al.，2019； Huang & Choe，2020； Wang，2015）为基础设计相关问题，测量消费者对参与滑雪体育旅游的风险感知，包含时间风险、社会风险、心理风险、经济风险、功能风险、设施风险和安全健康风险7个维度，共25个题项；第四部分调查了消费者参与滑雪体育旅游的意愿（共3个题项）和对不同促销手段的喜好程度（共6个题项）；第五部分是人口学特征调查。前四部分的问题都使用李克特7点量表，请参与者针对相关题项的描述内容根据自己的情况选择从1到7的数字作答，1代表非常不同意，4代表中立，7代表非常同意。

2021年6月，在正式发放问卷前研究团队进行了两次预调研，分别收集有效问卷64份、68份，根据两次预调研的结果，对于问卷的措辞用语、题目先后顺序分别进行调整，增强问卷的逻辑性和用词的准确度。2021年7—8月，研究团队通过目的取样法，借助滑雪俱乐部、滑雪场和校友会等组织的协助，共发放问卷600份。

问卷的数据分析主要分为以下几步：第一，通过描述性分析介绍样本的人口学特征；第二，通过Cronbach's Alpha系数检验和验证性因子分析对问卷中涉及的量表进行信度和效度的检验；第三，运用系统聚类（Ward法）对愉悦度、中心度和象征度三项指标进行聚类分析，按照消费者与滑雪旅游的心理连接程度对市场进行细分；第四，通过交叉表对比分析各细分市场的人口学特征与滑雪旅游的频率；第五，通过ANOVA对比分析各细分市场参与滑雪旅游的制约因素、对滑雪旅游的感知风险、对不同促销手段的喜好和参与滑雪旅游的意愿。

7.3 访谈数据分析

7.3.1 受访者人口学特征

研究团队共采访了20位潜在和实际滑雪旅游者。受访者中，男性9人，女性11人；年龄从14岁到54岁，20岁以下4人，20~29岁8人，30~39岁5人，40岁以上3人；学历方面，本科及以上居多；婚姻状况方面，已婚者8人，未婚者11人，离婚者1人；月收入方面，5 000~10 000元的9人，10 000元以上的4人；职业方面，有产品经理、教师、学生、会计、医生、新媒体工作者、中小企业家、职业经理人、电商客服等。详情见表7-1。

表7-1　　　　　　受访者人口学特征（滑雪体育旅游）

序号	年龄	性别	受教育程度	职业	婚姻状况	孩子年龄	月收入（元）
1	35	女	本科	产品经理	已婚	未育	10 000
2	54	女	本科	教师	已婚	29岁	9 000
3	52	男	本科	教师	离婚	19岁、22岁	未知
4	20	男	本科	学生	未婚	未育	4 500*
5	30	女	研究生	会计	已婚	未育	10 000
6	18	女	本科	学生	未婚	未育	3 000*
7	14	男	初中	学生	未婚	未育	2 500*
8	20	女	本科	学生	未婚	未育	4 000*
9	28	女	研究生	教师	未婚	未育	10 000
10	35	男	本科	新媒体工作者	已婚	6岁	20 000
11	19	男	大专	学生	未婚	未育	2 500*
12	47	男	研究生	医生	已婚	19岁	15 000
13	25	女	本科	会计	已婚	未育	8 000
14	15	女	初中	学生	未婚	未育	300*
15	35	女	本科	会计师	已婚	9岁、5岁	10 000
16	29	男	研究生	中小企业家	未婚	未育	30 000~50 000
17	38	男	本科	职业经理人	已婚	13岁	20 000
18	26	女	大专	电商客服	未婚	未育	5 000
19	21	男	本科	学生	未婚	未育	2 000*
20	28	女	本科	会计	未婚	未育	7 000~8 000

*学生的月收入指家里每月给的生活费。

7.3.2　访谈结果分析

（1）滑雪旅游参与情况

访谈首先了解了受访者参与滑雪旅游的情况。在20位受访者中，12人参与过滑雪旅游，其中9人每年滑雪1~3次，3人每年滑雪3次以上。虽然有8位受访者没有参与过滑雪旅游，但也都表示了对滑雪的兴趣。

（2）对滑雪感兴趣的原因

受访者对滑雪感兴趣、愿意参与的原因有如下几点：

第一，最常被提及的原因是通过滑雪放松身心，释放压力。9号受访者提到，

在滑雪时候我觉得有种御风飞翔的感觉，可以很好地缓解压力，放松心情。

11号受访者表示，

滑雪对我来说是心灵和身体的自由，这是在平时生活中难以体会到的。它让我着眼于当下，享受脚下的每一次滑行，任何烦恼在滑雪时都会烟消云散。

第二，他人或媒体的影响。有的受访者是因为朋友推荐开始滑雪，有的是受到媒体宣传和喜爱的运动明星的影响。13号受访者讲述了自己对滑雪产生兴趣是源自观看2022年北京冬奥会，

运动员们为国争光的场景，尤其是那些高难度的技术动作，引起了我的兴趣。

第三，社交与陪伴。一些受访者参与滑雪旅游的目的是通过和家人、朋友一起运动，加深感情，共度休闲时光。

第四，好奇心驱使。有3位受访者提到了自己所生活的区域没有开展冰雪运动的条件，所以对滑雪体育项目感到好奇，希望能够尝试冰雪体育运动。如16号受访者所言，

冰雪运动跟其他运动有很大不同，是在一个比较寒冷或者是有雪的场地上进行，对于中原地区的人来说是一个很大的诱惑。

另外，还有两位受访者提到，滑雪运动贴近自然，有利于强身健体。

（3）参与滑雪旅游的制约因素

通过访谈发现，限制受访者参与滑雪的因素可以归为结构性制约因素、个人内在制约因素和人际制约因素。结构性制约因素包括时间、费用、交通、防疫政策等因素。时间是被提及最多的制约因素。处于不同人生阶段的受访者会由于工作、学习或家庭的原因，没有足够的闲暇时间出游。比如，年纪最小的 7 号受访者表示，平时上学，假期上补习班，没有太多时间去外地滑雪。13 号受访者解释说，

刚刚参加工作，工作很忙，自己也想趁年轻多奋斗多升职。中国人冬天除了春节实在是没有别的假期了，春节又要和家人一起过，很少能选择去滑雪。仅靠周末的时间是无法去那些大型滑雪场的。之前由于疫情，去各个城市都不方便，滑雪场一旦有疫情可能就会被隔离，耽误时间。

同时，距离远、交通不便也是常被受访者提及的一个原因。

个人内在制约因素包括身体状况和兴趣爱好。12 号受访者表示，因为年龄大了，担心出事故，更加喜欢休闲健身类运动。也有的受访者表示滑过一次之后，兴趣没有以前大了。人际制约因素体现在缺少同行者，14 号受访者提到，自己不能经常滑雪的一个原因是父母没有时间陪同。

（4）感知风险

经分析发现，受访者关于滑雪旅游的感知风险主要集中在安全健康风险、设施风险、功能风险、心理风险、经济风险和自然风险。安全是多数受访者担心的问题。13 号受访者表示，

一些硬件和相关配套并不完善的滑雪场，事故的发生率很高，加之滑雪者自身的安全意识不强，风险隐患就会极大增加。

9 号受访者表示，

最主要的是安全问题吧。如果没有掌握滑雪技巧，很可能会发生骨折、撞到别人等危险的情况。

12 号受访者评价，

国内大部分滑雪场服务水平差，针对性不强，雪道设施不完善，管理不到位，很难让我放心去消费。

这反映了设施风险、功能风险与安全健康风险的关联。除此之外，也有受访者担心由于错误的决定导致的心理风险。9号受访者担心，

没有合适的平台和网站提供可信度较高的场地真实情况，缺乏对未知场地情况的了解，容易遭遇"货不对板"的不愉快旅游体验。

另外，还有1位受访者提及了雪崩的风险。经分析发现，受访者普遍担忧的安全问题与滑雪者本人的技术、场地设施、雪场服务和自然灾害有关。

（5）促销手段

在20位受访者中，19位都表示愿意参与滑雪旅游。在评价不同促销手段的吸引力时，绝大部分受访者的选择都和价格优惠相关，如团体票、2人同行1人免票、培训课代金券或免费培训课、学生优惠等。9号受访者表示，

我比较喜欢免费的课程。虽然我本人是非常喜欢滑雪的，但是教练费用比较贵，有免费课程的话我可以很好地提高自己的技术。

还有两位受访者建议增加音乐、赛事、温泉等项目，丰富滑雪体验。同时，14号受访者要求为未成年人提供教练陪同服务，15号受访者要求提供与偶像见面的机会。

7.4 问卷数据分析

共发放问卷600份，剔除掉无效问卷后，共回收有效问卷475份。下面将汇报问卷数据分析的结果，包括样本人口学特征、通过聚类分析形成的细分市场及其人口学特征、阻碍消费者参与滑雪旅游的制约因素、感知风险、消费者对不同促销手段的偏好以及未来参与滑雪旅游的意愿。

7.4.1 样本人口学特征

由表7-2可见，样本的性别比例比较均衡，男性240人，占比50.5%，女性235人，占比49.5%。年龄分布上，23~32岁年龄段占比最高，为36.4%。样本中，超过70%的人有大学本科及以上学历，整体受

教育水平较高。婚姻状况中，已婚有未成年子女者占比最高，为34.1%，其次为未婚者，占25.9%。职业方面，34.1%是全职工作者，25.9%为学生。月收入方面，34.9%的参与者收入在5 001~10 000元，另有27.4%的参与者收入在5 000元及以下。

表7-2　　　　　　　　　　调查对象人口学信息统计

人口学信息	组别	样本数	比例（%）
性别	男	240	50.5
	女	235	49.5
年龄	18~22岁	77	16.2
	23~32岁	173	36.4
	33~42岁	121	25.5
	43~52岁	77	16.2
	53岁及以上	27	5.7
受教育程度	初中及以下	17	3.6
	高中或中专	51	10.7
	大专	66	13.9
	本科	263	55.4
	研究生及以上	78	16.4
婚姻状况	未婚	123	25.9
	已婚未育	80	16.8
	已婚，子女未成年	162	34.1
	已婚，子女已成年	84	17.7
	离婚或丧偶	26	5.5
职业	学生	123	25.9
	兼职工作	80	16.8
	全职工作	162	34.1
	退休	84	17.7

续表

人口学信息	组别	样本数	比例（%）
	其他	26	5.5
月收入	5 000 元及以下	130	27.4
	5 001~10 000 元	166	34.9
	10 001~15 000 元	105	22.1
	15 001~20 000 元	48	10.1
	20 000 元以上	26	5.5

7.4.2　信度与效度

研究通过 Cronbach's Alpha 系数检验了量表的信度。本研究用到的心理连接程度量表、休闲制约量表、感知风险量表和未来参与意愿量表的 Cronbach's Alpha 系数分别为 0.942、0.940、0.940 和 0.923，都高于 0.7，说明题项有较高的内在一致性，量表信度良好。研究通过 AMOS19.0 软件进行了验证性因子分析，以实现对聚合效度和区别效度的检验。如表 7-3 所示，题项的标准化因子载荷在 0.54 与 0.958 之间，大于 0.5；组合信度（composite reliability，CR）大于 0.8；平均方差提取值（average variance extracted，AVE）在 0.621 和 0.841 之间，大于 0.5，这说明量表聚合效度良好。同时，如表 7-4 所示，各因子 AVE 的算术平方根均大于因子之间的相关系数，说明量表的区别效度也较好。

表7-3　　　　　　　　　　　　聚合效度

题项	标准化因子载荷（standardized factor loadings）	组合信度（CR）	平均方差提取值（AVE）
愉悦度		0.941	0.841
参与滑雪体育旅游是最令我有满足感的事情之一	0.925		

续表

题项	标准化因子载荷（standardized factor loadings）	组合信度（CR）	平均方差提取值（AVE）
我非常享受参与滑雪体育旅游的过程	0.931		
和其他活动相比，我认为滑雪体育旅游非常有趣	0.894		
中心度			
我的业余生活很大程度上是围绕着滑雪体育旅游展开的	0.916	0.931	0.819
滑雪体育旅游在我的生活中占据着核心位置	0.9		
我的大部分业余时间安排都围绕着滑雪体育旅游展开	0.899		
象征度			
参与滑雪体育旅游能展现我的个性	0.925		
当我参与滑雪体育旅游的时候，我能感受到真实的自我	0.926	0.911	0.775
滑雪体育旅游是我生活的一部分	0.782		
人际制约			
没有合适的同伴	0.788		
独自参与滑雪体育旅游很无趣	0.725	0.887	0.663
家人或朋友没有兴趣参与	0.859		
家人或朋友没有时间一同参与	0.825		
个人内在制约			
参与滑雪体育旅游活动令我感到身体不适	0.877		
参与滑雪体育旅游不能令我放松	0.892		
对滑雪体育旅游的了解有限	0.725	0.906	0.621
对滑雪体育旅游缺乏兴趣	0.847		
参与滑雪体育旅游有风险	0.79		

续表

题项	标准化因子载荷（standardized factor loadings）	组合信度（CR）	平均方差提取值（AVE）
参与滑雪体育旅游对体能要求过高	0.54		
结构性制约			
参与滑雪体育旅游开销过大	0.729		
没有时间参与	0.898	0.895	0.682
需要照顾家庭难以抽身	0.854		
工作/学习繁忙，难以抽身	0.813		
时间风险			
担心滑雪体育旅游会占用太多时间	0.866		
担心参与滑雪体育旅游会耽误我的时间	0.958	0.933	0.824
担心参与滑雪体育旅游会浪费时间	0.896		
社会风险			
参与滑雪体育旅游会让朋友认为我在炫耀	0.782		
亲朋好友不赞成我参与滑雪体育旅游	0.898	0.865	0.681
参与滑雪体育旅游会使他人对我产生负面的看法（如：可能有新冠病毒感染风险）	0.791		
心理风险			
想到要参与滑雪体育旅游，我感到紧张不安	0.902		
想到要参与滑雪体育旅游，我感到很焦虑	0.931	0.91	0.718
想到要参与滑雪体育旅游，我感到很有压力（如：疫情防控政策的各种要求）	0.789		
参与过程中我会忧心忡忡，担心意外发生	0.754		
经济风险		0.896	0.743

续表

题项	标准化因子载荷（standardized factor loadings）	组合信度（CR）	平均方差提取值（AVE）
担心参与滑雪体育旅游的价格超出我的预期	0.84		
担心会有很多附加收费项目（如：教练/设备）	0.918		
担心会有超出预期的额外花销（如：防疫隔离等）	0.825		
功能风险			
担心目的地接待能力不足，无法保证服务质量	0.816	0.864	0.68
担心滑雪运动和服务的体验不尽如人意	0.878		
担心疫情等相关情况导致目的地服务质量下降	0.777		
设施风险			
担心交通工具是否安全	0.797	0.897	0.745
担心娱乐设施是否安全	0.899		
担心场地设备是否安全	0.889		
安全健康风险			
我认为滑雪运动的安全性较低	0.801		
参与滑雪运动可能会损害我的健康	0.816		
参与滑雪运动很容易受伤	0.604	0.901	0.647
参与滑雪运动对我的家人而言比较危险	0.806		
可能会在旅行过程中感染疾病	0.743		
旅程中可能会遇到极端天气或自然灾害	0.693		
参与意愿			
我十分愿意参与滑雪体育旅游	0.868		
我想要参与滑雪体育旅游	0.892	0.923	0.8
我计划近期参与滑雪体育旅游	0.923		

表7-4　　　　　　　各因子AVE的算术平方根与相关系数

	参与意愿	安全健康风险	设施风险	功能风险	经济风险	心理风险	社会风险	时间风险	结构性制约	个人内在制约	人际制约	象征度	中心度	愉悦度
参与意愿	0.894													
安全健康风险	-0.537	0.804												
设施风险	-0.212	0.531	0.863											
功能风险	-0.329	0.468	0.607	0.825										
经济风险	-0.311	0.491	0.488	0.434	0.862									
心理风险	-0.613	0.66	0.332	0.289	0.405	0.847								
社会风险	-0.583	0.688	0.37	0.327	0.274	0.798	0.825							
时间风险	-0.41	0.451	0.272	0.415	0.305	0.558	0.578	0.908						
结构性制约	-0.158	0.314	0.269	0.3	0.258	0.283	0.264	0.313	0.826					
个人内在制约	-0.336	0.409	0.181	0.249	0.127	0.597	0.548	0.45	0.737	0.788				
人际制约	-0.088	0.229	0.277	0.293	0.243	0.244	0.207	0.238	0.778	0.658	0.814			
象征度	0.457	-0.339	0.015	-0.049	-0.132	-0.477	-0.387	-0.269	-0.148	-0.36	-0.102	0.88		
中心度	0.259	-0.21	-0.01	-0.064	-0.253	-0.188	-0.029	-0.019	-0.097	-0.031	-0.069	0.688	0.905	
愉悦度	0.528	-0.408	0.012	-0.017	-0.127	-0.553	-0.496	-0.284	-0.136	-0.41	-0.081	0.872	0.587	0.917

7.4.3 聚类分析

通过系统聚类法按照愉悦度（pleasure）、中心度（centrality）和象征度（sign）对样本进行聚类分析，根据心理发展图谱模型中划分的知晓—吸引—依恋—忠诚四个阶段，把样本分为四组。其中，第一类群体共208人，占样本总量43.8%，这一阶段的人群对滑雪旅游的愉悦度、中心度和象征度评分都在2.5以下，与滑雪运动的心理连接程度较低，尚处于知晓阶段。第二类群体共80人，占样本总量的16.8%，他们对愉悦度、中心度和象征度的评分在3~5分之间，对滑雪的愉悦度尤其认可，处在吸引阶段。第三类群体共109人，占样本总量的22.9%，对愉悦度、中心度和象征度的评分在3~7分之间，他们对象征度的评分要显著高于第二类人群，处在依恋阶段。第四类群体属于忠诚群体，总人数为78人，占样本总量16.4%，这个阶段的旅游者对于滑雪旅游的愉悦度、中心度和象征度均在5分以上，可见旅游者本身对滑雪项目已经建立了稳定的心理联系。ANOVA检验显示，这三类人群的愉悦度、中心度和象征度指标有显著性差异（见表7-5）。

表7-5　　　　　　　　　　　心理发展图谱聚类分析结果

维度	整体均值	知晓阶段 N=208 （43.8%）	吸引阶段 N=80 （16.8%）	依恋阶段 N=109 （22.9%）	忠诚阶段 N=78 （16.4%）	F值	p值
愉悦度	4.21	2.32	4.83	6.02	6.09	749.57	0.000
中心度	3.09	1.98	3.29	3.32	5.54	353.49	0.000
象征度	3.88	2.31	3.87	5.34	5.99	727.80	0.000

7.4.4 滑雪旅游细分市场的特征

研究团队对四组人群的人口学特征和每年参与滑雪旅游的频率进行了对比分析，结果见表7-6。

表7-6　　　　滑雪旅游细分市场的人口学特征和滑雪经历

人口学特征		知晓群体（%）	吸引群体（%）	依恋群体（%）	忠诚群体（%）	p值
性别	男	50.0	53.8	53.2	44.9	0.644
	女	50.0	46.3	46.8	55.1	
年龄	18~22岁	14.4	28.8	16.5	7.7	0.000
	23~32岁	22.1	37.5	49.5	55.1	
	33~42岁	23.1	21.3	28.4	32.1	
	43~52岁	30.3	10.0	3.7	2.6	
	53岁及以上	10.1	2.5	1.8	2.6	
受教育程度	初中及以下	6.3	2.5	1.8	0.0	0.000
	中专/高中	20.7	5.0	1.8	2.6	
	大专	22.1	13.8	2.8	7.7	
	本科	38.0	56.3	80.7	65.4	
	研究生及以上	13.0	22.5	12.8	24.4	
婚姻状况	未婚	17.8	42.5	33.0	20.5	0.000
	已婚未育	16.8	21.3	13.8	16.7	
	已婚，子女未成年	23.6	23.8	46.8	55.1	
	已婚，子女已成年	32.7	7.5	5.5	5.1	
	离婚或丧偶	9.1	5.0	0.9	2.6	
职业	学生	12.5	28.8	16.5	7.7	0.000
	兼职工作	9.1	6.3	4.6	1.3	
	全职工作	67.3	61.3	76.1	85.9	
	退休	6.7	1.3	0.0	0.0	
	其他	4.3	2.5	2.8	5.1	

续表

人口学特征		知晓群体（%）	吸引群体（%）	依恋群体（%）	忠诚群体（%）	p值
月收入	5 000元及以下	35.6	30.0	22.0	10.3	0.002
	5 001~10 000元	34.1	32.5	38.5	34.6	
	10 001~15 000元	18.8	15.0	26.6	32.1	
	15 001~20 000元	8.2	15.0	7.3	14.1	
	20 000元以上	3.4	7.5	5.5	9.0	
每年滑雪次数	0次	86.5	18.8	2.8	2.6	0.000
	1~2次	13.5	66.3	89.0	67.9	
	3~5次	0.0	15.0	7.3	23.1	
	5次以上	0.0	0.0	0.9	6.4	

知晓阶段：知晓阶段群体男女比例相当；整体年龄较大，43岁及以上的群体比例在4个群体中最高；学历水平相对偏低，大专及以下学历者的比例在4个群体中最高；大多数为已婚人士，约1/3的知晓群体孩子已成年；他们大多数（67.3%）有全职工作；月收入水平相对较低，低收入群体（5 000元及以下）的比例在4个群体中最高，高收入群体（15 000元以上）的比例在4个群体中最低。这个群体绝大多数（86.5%）都没有参与滑雪旅游的经历。

吸引阶段：吸引阶段群体男性比例稍高于女性，18~22岁的比例在4个群体中最高，相应地，学生和未婚比例也是4个群体中最高的；他们中本科学历者居多（56.3%），大专及以下学历者和研究生及以上学历者各占约20%；收入方面，月收入在5 000元及以下的占比为30%，月收入在5 001~10 000元的占比为32.5%，其余在10 000元以上。这个阶段群体中超过半数的人（66.3%）平均每年参与滑雪旅游1~2次。

依恋阶段：依恋阶段群体男性比例稍高于女性，近一半年龄在23~32岁之间，33~42岁的比例也较高（28.4%）；本科学历占比是4个群体中最高的（80.7%）；已婚人士超过半数，大部分人（76.1%）在全职工作；月收入方面，5 001~10 000元的群体占比最高（38.5%），其次为10 001~15 000元（26.6%）。这个群体中，每年参与1~2次滑雪旅游的人数占比达89%。

忠诚阶段：忠诚阶段群体的女性比例稍高于男性，这个群体的23~32岁的年轻人比例最高（55.1%），他们也是4个群体中受教育水平最高的，约1/4的人有研究生及以上学历；这个群体绝大多数是已婚人士（76.9%），且超过半数有未成年子女；全职工作人员的比例最高（85.9%）；月收入水平也是4个群体中最高的，月收入10 000元以上的超过一半（55.2%）。这个阶段的群体，每年参与滑雪旅游1~2次的占67.9%，参与3~5次的占23.1%。

7.4.5　滑雪旅游制约因素分析

通过对消费者参与滑雪旅游的制约因素分析发现，四个细分市场都受到人际制约、个人内在制约和结构性制约因素的影响，其中，"工作/学习繁忙，难以抽身""参与滑雪旅游开销过大""参与滑雪旅游对体能要求过高"是对消费者影响最大的制约性因素，均值分别为4.77、4.65和4.61。

处在依恋阶段和忠诚阶段的群体受各类制约因素的影响程度要显著小于处在知晓阶段和吸引阶段的群体。表7-7显示了ANOVA检验的结果。由表可见，4个细分市场在参与滑雪旅游的1项人际制约因素、5项个人内在制约因素和3项结构性制约因素上有显著差异。在人际制约因素中，"家人或朋友没有兴趣参与"对知晓群体和吸引群体的影响显著大于对依恋群体和忠诚群体的影响。在个人内在制约因素中，"参与滑雪旅游活动令我身体不适""参与滑雪旅游不能令我放松""对滑雪旅游的了解有限""对滑雪旅游缺乏兴趣""参与滑雪旅游有风险"对知晓群体和吸引群体的影响要大于依恋群体和忠诚群体。在结构性制约因素中，"没有时间参与""需要照顾家庭，难以抽身""工作/学习繁忙，难以抽身"对依恋群体和忠诚群体的影响显著小于知晓群体和吸引群体。

表7-7 　　　　　　　　　　消费者参与滑雪旅游的制约因素

制约因素	题项	知晓阶段	吸引阶段	依恋阶段	忠诚阶段	均值	F值	p值
人际制约	家人或朋友没有兴趣参与	4.72	4.56	4.00	4.13	4.43	5.889	0.001
	独自参与滑雪旅游很无趣	4.79	4.49	4.50	4.17	4.57	2.512	0.058
	没有合适的同伴	4.77	4.71	4.32	4.38	4.60	2.427	0.065
	家人或朋友没有时间一同参与	4.63	4.65	4.50	4.42	4.57	0.447	0.719
个人内在制约	参与滑雪旅游活动令我身体不适	4.52	3.85	2.48	3.36	3.75	38.715	0.000
	参与滑雪旅游不能令我放松	4.48	3.80	2.22	3.22	3.64	48.820	0.000
	对滑雪旅游的了解有限	4.65	4.59	3.69	3.82	4.28	11.675	0.000
	对滑雪旅游缺乏兴趣	4.47	4.14	2.40	3.10	3.72	48.157	0.000
	参与滑雪旅游有风险	4.63	4.25	3.47	3.63	4.14	15.256	0.000
	参与滑雪旅游对体能要求过高	4.66	4.71	4.53	4.46	4.61	0.534	0.659
结构性制约	没有时间参与	4.66	4.50	3.99	3.91	4.36	6.573	0.000
	需要照顾家庭，难以抽身	4.69	4.55	3.86	3.99	4.36	7.449	0.000
	工作/学习繁忙，难以抽身	4.90	5.04	4.66	4.28	4.77	3.872	0.009
	参与滑雪旅游开销过大	4.86	4.60	4.59	4.26	4.65	3.081	0.027

7.4.6 滑雪旅游细分市场的感知风险差异

研究团队运用ANOVA检验了知晓、吸引、依恋和忠诚阶段群体对参与滑雪旅游的风险感知，并进行了对比分析，结果见表7-8。一方面，四个群体对滑雪旅游涉及的风险感知从高到低依次为经济风险（4.99）、设备风险（4.97）、功能风险（4.66）和安全健康风险（4.52），说明消费者对这四类风险比较关注；另一方面，时间风险、社会风险和心理风险的均值都在4以下，说明消费者对这几类风险并不太担忧。对比分析的结果显示，不同阶段的滑雪旅游者对于经济风险、时间风险、社会风险、心理风险和安全健康风险的感知水平存在显著差异（p<0.001）。具体而言，处在忠诚阶段的滑雪旅游者对经济风险的感知水平（4.38）要显著低于其他群体（均在5以上）；处在知晓阶段和吸引阶段的旅游者对时间风险、社会风险、心理风险和安全健康风险的感知水平要显著高于依恋阶段和忠诚阶段的旅游者。

表7-8　　　　　　　　　　　参与滑雪旅游的感知风险

感知风险种类	知晓阶段	吸引阶段	依恋阶段	忠诚阶段	均值	F值	p值
经济风险	5.06	5.17	5.14	4.38	4.99	6.078	0.000
设备风险	4.95	5.05	5.04	4.83	4.97	0.432	0.730
功能风险	4.53	4.75	4.80	4.69	4.66	1.009	0.388
安全健康风险	4.98	4.62	4.03	3.87	4.52	20.053	0.000
社会风险	4.61	4.09	2.85	3.58	3.95	35.831	0.000
心理风险	4.69	4.33	2.87	2.89	3.91	55.111	0.000
时间风险	4.24	4.01	3.30	3.71	3.90	9.090	0.000

对知晓阶段的消费者而言，他们对滑雪旅游各类风险感知的均值都在4以上，说明他们的担忧较多。其中，最受这个阶段的消费者关注的是经济风险（5.06）、安全健康风险（4.98）和设备风险（4.95）。这反映了无经验人群对滑雪旅游的整体印象，即费用不菲、可能会受伤、设

备可能不安全。处在吸引阶段和依恋阶段的消费者最担忧的都是经济风险和设备风险（均值都在5以上），但与吸引阶段消费者不同的是，处在依恋阶段的消费者对社会风险、心理风险和时间风险不太关注（均值都小于4）。这说明花销问题和设施的安全性是成长中的滑雪旅游者最为担心的问题，但对于经验较为丰富的消费者而言，心理连接已经较为稳固，不会因为滑雪而感到焦虑、觉得浪费时间或担心他人的看法。处于忠诚阶段的消费者对设备风险（4.83）、功能风险（4.69）和经济风险（4.38）有所担忧，对其他风险感知水平均在4以下。这说明有丰富滑雪旅游经验的消费者更加看重的是滑雪场地的设施安全性和景区是否能够提供给他们满意的服务，花费问题仍是该群体会考虑的风险之一，而其他风险对他们却不太重要。

7.4.7 参与滑雪旅游的意愿分析

ANOVA检验显示，4个细分市场参与滑雪旅游的意愿有显著差异。如表7-9所示，处在知晓、吸引、依恋阶段的消费者参与滑雪旅游的意愿依次升高。处在知晓阶段的消费者均值为3.90，表示整体意愿不强，吸引阶段消费者的评分为4.76，参与滑雪旅游的意愿较高，依恋阶段和忠诚阶段消费者的参与意愿则都在5.60以上，意愿强烈。

表7-9　　　　　　　　　细分市场参与滑雪旅游的意愿

	知晓阶段	吸引阶段	依恋阶段	忠诚阶段	均值	F值	p值
参与意愿	3.90	4.76	5.71	5.65	4.75	40.531	0.000

7.4.8 促销手段对细分市场的吸引力分析

整体上看，对所有人群最有吸引力的3种促销手段依次是免费滑雪体验课、2人同行1人免票和滑雪景区酒店订房优惠。ANOVA分析结果显示，不同促销手段对4个群体的吸引力有显著差异（见表7-10）。Post Hoc检验显示，免费滑雪体验课对依恋阶段群体的吸引力大于知晓阶段群体，2人同行1人免票对依恋阶段群体的吸引力大于知晓阶段和吸引阶段群体，滑雪景区酒店订房优惠和滑雪训练营优惠对依恋阶段和忠诚阶段群体的吸引力显著大于知晓阶段群体，团体票优惠对忠诚群体的吸引力显著大于知晓阶段群体。

表7-10　　　　　滑雪旅游的促销手段吸引力聚类分析

促销手段	知晓阶段	吸引阶段	依恋阶段	忠诚阶段	均值	F值	p值
免费滑雪体验课	4.98	5.29	5.65	5.37	5.25	6.040	0.000
2人同行1人免票	4.91	5.18	5.83	5.35	5.24	10.298	0.000
滑雪景区酒店订房优惠	4.95	5.19	5.49	5.44	5.19	4.786	0.003
滑雪训练营优惠	4.86	5.01	5.34	5.38	5.08	4.561	0.004
团体票优惠	4.90	4.98	5.28	5.35	5.07	3.217	0.023
体育明星的签名和合影	4.97	4.76	4.62	5.06	4.87	1.932	0.124

对知晓阶段和吸引阶段群体最有吸引力的促销方式都是免费滑雪体验课。依恋阶段的群体最喜欢的优惠是2人同行1人免票；最受忠诚阶段群体欢迎的促销方式是滑雪景区酒店订房优惠。

7.5　研究结果总结

本研究采取了资料分析、半结构式访谈和调查问卷相结合的混合设计方案，考察了辽宁省休闲体育旅游市场。由于不同类型的休闲体育运动对场地、设备、时间和资金等投入的要求不同，鉴于时间和条件的限制，研究团队决定将访谈和问卷调研部分集中在滑雪体育旅游市场。

问卷调查基于心理发展图谱模型，通过愉悦度、中心度和象征度三个维度对滑雪体育旅游市场进行了细分，发现处在知晓阶段的群体比例最大，占43.8%；处在吸引阶段的群体占16.8%，处在依恋阶段的22.9%，处在忠诚阶段的群体比例最小，占16.4%。这些群体中，只有处在忠诚阶段的群体重复消费比例较高，每年滑雪3~5次的旅游者占到23.1%。处在吸引阶段和依恋阶段的群体虽然大多数每年都会参与滑雪，但频率并不高，集中在每年1~2次。由此可见，辽宁省滑雪体育旅游市场有待深挖。

不同阶段的滑雪旅游者在年龄、受教育程度、婚姻状况、职业和月收入等人口学特征上存在显著差异。其中，与滑雪旅游已经建立了较稳定心理联系的吸引群体和忠诚群体大多为23~32岁的年轻人，他们受教育程度高，有全职工作，收入水平较高，已婚，约一半有未成年子女。

在阻碍消费者参与滑雪旅游的因素中，"工作/学习繁忙，难以抽身""参与滑雪旅游开销过大""参与滑雪旅游对体能要求过高"是对消费者影响最大的制约性因素。处在知晓阶段的消费者在人际制约、个人内在制约和结构性制约方面受制约程度都较高，尤其是时间和金钱方面的制约；处在吸引阶段的消费者受时间制约的影响也很大，同时，"没有合适的同伴""参与滑雪旅游对体能要求过高"也是重要的制约因素；对处在依恋阶段的消费者而言，个人内在制约的影响较小，"工作/学习繁忙，难以抽身""参与滑雪旅游开销过大"是主要的制约因素；对忠诚群体而言，"参与滑雪旅游对体能要求过高""家人或朋友没有时间一同参与"是主要的制约因素。

在感知风险方面，研究结果显示，消费者最为担忧的是经济风险、设备风险、功能风险和安全健康风险，处于不同心理阶段的滑雪旅游者对于风险的感知程度存在差异。知晓阶段群体最担心的是经济风险和安全健康风险，花销过大和滑雪运动可能带来的危险是他们的主要顾虑。处在吸引阶段和依恋阶段的消费者最担忧的都是经济风险和设备风险，说明除了开销问题，他们也很担心运动和娱乐设施的可靠性。处于忠诚阶段的消费者更加在意的是设备风险和功能风险，即滑雪场地的设施安全性和景区的服务是否能够达到预期。

在促销手段方面，免费滑雪体验课、2人同行1人免票和滑雪景区酒店订房优惠是最有吸引力的三种手段。对于各细分市场的人群而言，不同促销手段的吸引力不同。对知晓阶段和吸引阶段群体而言，最有吸引力的促销方式都是免费滑雪体验课。这一群体滑雪经历有限，对于滑雪运动中的风险存在担忧，也不了解自身身体素质能否完成这项运动，因此免费体验课对其而言十分重要。依恋阶段的群体最喜欢的优惠是2人同行1人免票，滑雪旅游的开销问题是制约这一群体出行的主要因素之一，2 人同行 1 人免票在一定程度上节省了滑雪的费用，因此受到这一群体的欢迎。最受忠诚阶段群体欢迎的促销是滑雪景区酒店订房优惠，这一群体滑雪次数更多，在目的地停留的时间更长，因此更希望得到滑雪景区酒店订房优惠。

7.6　休闲体育旅游市场培育路径建议

根据心理发展图谱的框架，处在知晓阶段、吸引阶段和依恋阶段的旅游者如果持续接收到积极的反馈并在参与过程中感受到乐趣，将会与滑雪体育旅游建立更加稳定的心理联系，形成更为稳定的消费习惯和行为模式，从而进入更高阶段，促进滑雪市场的整体升级。因此，根据以上研究结论，提出以下培育辽宁省滑雪体育旅游市场的建议：

（1）加强滑雪运动的宣传和教育，将休闲体育融入生活方式

研究结果显示，辽宁省的休闲体育旅游市场仍处于发展的初级阶段，大部分为一次性体验者，并未形成有规律的滑雪旅游习惯。这是由于滑雪运动在我国发展时间相对较短，市场渗透率仍然较低。未来应进一步加强关于滑雪旅游的宣传和引导，借助冬奥会、世锦赛等大型赛事，充分利用体育明星的影响力，大力推广冰雪运动。通过电视和广播节目、在线视频网站、社交媒体等多种渠道普及体育文化和相关运动知识，扩大全民参与的范围。通过雪场打卡、运动社交等形式，吸引更多的消费者走出家门，感受滑雪的魅力，将休闲体育逐渐融入民众的日常生活。

（2）保证服务和设施质量，降低感知风险

滑雪旅游经验较少的、尚处在知晓阶段的消费者对安全健康风险较为关注，而涉及场地设施可靠性的设备风险则是处在吸引、依恋和忠诚阶段的旅游者共同担心的问题。因此，滑雪场要定期进行安全自查，完善运动安全应急预案和医疗保障措施，高峰期按照承载量进行合理限流；同时加强对游客的安全提示和培训，引导游客规范参与，规避风险。相关部门也要加强安全方面的监管，参照行业安全规范进行定期检查，为旅游者的安全健康保驾护航。

处在忠诚阶段的消费者由于滑雪旅游经验丰富，比其他群体更为关注功能风险，对于景区的服务有更高的期待。如果体验不佳，这一群体则很容易去往别处。因此，旅游企业和景区应不断提升自身的服务能力，对于场地的设计要更加便捷和人性化；紧跟行业发展动态，及时进行设施设备的更新换代；加强对工作人员和教练员的培训考核，使消费者获得高品质的服务和滑雪体验。

（3）针对细分市场，进行精准营销

调研结果显示，处在不同阶段的滑雪旅游者对于各类风险的感知程度不同，各种促销手段对其吸引力也存在差异。因此，针对不同的人群可以采取不同的市场培育方法：对于处在知晓阶段的初级市场，可以将免费滑雪体验课作为首要的促销手段。滑雪旅游景区可以和滑雪俱乐部、中小学校开展合作，以寒假为主推出冬令营滑雪旅游活动，将滑雪运动培训和研学游相结合，在运动培训期间穿插冬奥会场馆参观、冰雪文化展演活动。对于年龄小的学生，可以推出家长一同前往的亲子套餐，父母可以和孩子一起练习滑雪，同时还可以组织一系列亲子冰雪趣味运动，促进亲子互动交流。对于想要尝试滑雪的年轻人群体，也可以提供免费体验课程，让他们在体验中感受冰雪的魅力，并逐步养成冰雪运动的习惯。

对处在吸引阶段和依恋阶段的中级市场，可以采取"2人同行1人免票"的优惠。寒假期间可以与高校学生组织合作或通过校园代理的形式，向学生群体出售"2人同行1人免票"的优惠票以及团体票，通过票价优惠鼓励中级市场的人群参与滑雪旅游。可以和企事业单位的工会、滑雪俱乐部等组织合作，出售滑雪景区的团体优惠票，工会可以将门票作为福利发放给员工。

处于忠诚阶段的群体参与滑雪旅游的经验丰富，滑雪频率更高，在滑雪景区的停留时间更长。因此，可以推出滑雪景区附近酒店订房优惠，或将滑雪景区门票和酒店住宿组合为套餐销售，以此吸引更多的忠诚阶段群体。同时，滑雪景区和酒店也可以推出更多休闲娱乐活动，满足高级市场休闲度假的需求，延长其停留时间，增加经济收益。

8　研究总结与未来展望

　　体育旅游融合了体育和旅游两种活动的特点，既能够满足消费者强身健体、解压放松、挑战自我、社交和陪伴等需求，又能够给地方经济注入活力，带动相关产业的发展，包括体育场地建设、运动设备制造、旅游交通、住宿餐饮、教育培训、赛事运营、娱乐休闲、观光游览、文创设计、商品销售等。2016 年国家旅游局和国家体育总局联合印发《关于大力发展体育旅游的指导意见》（以下简称《意见》），提出要充分挖掘和发挥我国体育旅游资源优势，推进旅游与体育的深度融合，把体育旅游培育成国民经济新的增长点。《意见》确定了发展体育旅游的几大原则：市场主导，政府扶持；消费引领，培育主体；强化特色，打造品牌；加强监管，规范发展。由此可见，市场是发展体育旅游的重中之重。

　　在此政策背景下，本书聚焦于体育旅游市场的分析与培育之道。研究的第一部分，通过文献资料的搜集和梳理（包括与体育旅游相关的学术文献、市场报告、政策文件、新闻报道等），阐述了体育旅游的起源与发展，定义与属性，类型与特点，影响与效应；介绍了国内外体育旅游发展的现状；回顾了关于体育旅游者特征、动机、行为、满意度的研究，以及市场细分的方法和培育路径。研究的第二部分重点分析了辽宁省发展体育旅游的条件、现状和存在的问题。研究的第三部分通过实证研究，考察了篮球赛事旅游和滑雪体育旅游市场，根据消费者心理特征进行市场细分，探索各群体参与体育旅游的制约因素、感知风险、促销偏好，并有针对性地提出了分级培育市场的策略。

市场培育是一项系统工程，不仅需要企业的投入，还需要学校、政府、媒体等多方利益相关者的支持与配合。尽管本研究在方案设计、数据收集、结果分析和对策建议环节都遵循了科学、严谨、务实的原则，但鉴于时间和预算的限制，研究在规模和方法上仍存在一定的局限性。

首先，实证研究涉及的体育旅游种类有限。由于不同类型的体育活动对运动场地、装备器材、消费者的时间和金钱投入的要求不同，消费者参与不同类型体育运动的限制性因素也有所不同，本研究选取了辽宁省资源基础好、发展潜力大的篮球赛事旅游和滑雪体育旅游作为研究对象。然而体育旅游产品的种类丰富多样，民族体育赛事旅游、海洋体育旅游、探险体育旅游等产品也有很大发展前景。未来的研究可以拓展范围，涵盖更加多样化的体育旅游产品。

其次，本研究提出的市场培育路径是基于对消费者心理特征和偏好的分析，实际效果如何仍有待验证。本研究最初的设计是要对提出的市场培育方案进行田野实验，然而由于新冠疫情的影响，消费者旅行受到很大限制，而且2020—2022年之间体育赛事很多都被取消，即使举行也很少对外售票，所以田野实验没能开展。2023年，中国旅游业复苏势头强劲，体育赛事也将逐步恢复，条件允许的情况下，可以通过实验研究验证市场培育方案的有效性。

最后，市场培育是一个长期的过程，本书所呈现的是截面研究（cross-sectional study）的结果，虽然能够反映出细分市场的特征、喜好和意向等信息，但并不能准确预见其发展历程和速度。而追踪研究（longitudinal study）能够观测到细分市场的成长与变化。新冠疫情过后，经济环境、消费者的健康意识、旅游需求等都发生了改变，我们将继续关注体育旅游市场，保持与相关组织和研究对象的联系，持续探索有效的市场培育之道，以期为中国体育旅游的繁荣尽一份力。

参考文献

[1] 鲅鱼圈文化旅游和广播电视局.一图了解辽宁省第十届少数民族传统体育运动会 [EB/OL]. [2022-12-02]. https://mp.weixin.qq.com/s?__biz=MzI3NjE1MDE3Nw==&mid=2707460091&idx=1&sn=5103a10d74c5346a56ad502b2230389d&chksm=cfedcd35f89a44238cf4bb9b7da73d4ba6f33387c9b1d61c1a1d7fb5c4acbdf5d3b0d620ad55&scene=27.

[2] 白银霞.有组织的休闲徒步旅游者风险感知的研究 [D].石河子：石河子大学，2018.

[3] 鲍璠.体育赛事对举办地体育旅游影响的研究 [D].桂林：广西师范学院，2015.

[4] 毕海宏，刘宇洋，梁强.后冬奥时代张家口乡村体育旅游人才需求和培养路径 [C]//中国旅游研究院.2022中国旅游科学年会论文集：旅游人才建设与青年人才培养. [出版者不详]，2022：722-727.

[5] 毕奕萱.大学生体育旅游市场细分及产品开发对策研究 [J].漫旅，2021（13）：41-43.

[6] 昌晶亮，余洪.我国赛事体育旅游市场细分及营销对策分析 [J].湖南城市学院学报（自然科学版），2009，18（1）：73-76.

[7] 陈诚.国内外体育旅游发展现状及启示 [J].体育世界（学术版），2018（6）：48-49.

［8］ 陈家鸣，杨春卉，王淳.辽宁省少数民族体育文化的起源及特点研究［J］.当代体育科技，2014，4（31）：1-2.

［9］ 陈洁.海南三亚体育旅游研究［J］.西部旅游，2020（9）：11-14.

［10］ 陈小英，冯展艺，曾芊.厦门马拉松、广州马拉松、深圳国际马拉松官方微信公众平台信息传播研究［J］.广州体育学院学报，2019，39（1）：65-69.

［11］ 陈燮.北京奥运会圆满落下帷幕 烟花齐放北京无眠［EB/OL］.［2008-08-25］.http：//2008.sina.com.cn/hx/other/p/2008-08-25/045179946.shtml.

［12］ 成文才.体育媒介的体验式营销分析——以2K sports对NBA市场营销拓展影响为例［J］.传播与版权，2014（2）：152-153.

［13］ 大连徒步网.大连徒步协会［EB/OL］.［2022-12-07］.https：//www.dlwalking.com/index.php?p=danye&lanmu=6&id=17.

［14］ 大连徒步网.历届大连国际徒步大会情况介绍［EB/OL］.［2022-12-10］.https：//www.dlwalking.com/index.php?p=danye&lanmu=6&id=15.

［15］ 大连徒步网.第二十届大连国际徒步大会［EB/OL］.［2022-12-11］.https：//www.dlwalking.com/index.php.

［16］ 戴光全，杨丽娟.体育旅游及其国外研究的最新进展［J］.桂林旅游高等专科学校学报，2005（1）：68-74.

［17］ 单靖涵.试析市场细分与产品细化给企业带来的优势［J］.中国市场，2021（16）：113-114.

［18］ 德国国家旅游局.GaPa，青春依旧的冬奥胜地|年末送豪礼［EB/OL］.［2021-12-28］.https：//mp.weixin.qq.com/s/sk1Y3Rj-RP1_LB7Nq25-8A.

［19］ 德勤.中国足球协会超级联赛—2020赛季商业价值白皮书.［EB/OL］.［2022-04-30］https：//www2.deloitte.com/cn/zh/pages/technology-media-and-telecommunications/articles/chinese-football-association-super-league-2020-business-value-evaluation-white-paper.html.

［20］ 邓道全，罗文清.昭通市体育旅游资源调查及分类研究［J］.旅游纵览（下半月），2018（14）：115.

［21］ 邓凤莲，于素梅，武胜奇.我国体育旅游资源开发的支持系统与影响因素［J］.上海体育学院学报，2006（2）：35-40.

［22］ 邓红杰.总产值突破700亿元，成都体育休闲产业驶入发展快车道［N］.中国体育报，2020-04-23.

［23］ 邓鹏程，张颖，周颖.休闲时间背景下辽宁省体育旅游优势与特色研究

[J]. 体育科技文献通报，2020，28（2）：21-23.

[24] 东北文旅. 冰天雪地欢乐季 金山银山棋盘山［EB/OL］.［2022-12-11］. https：//new.qq.com/rain/a/20230106A08MAM00.

[25] 董晓春. 体育赛事助推城市经济转型升级研究——以辽宁省本溪市承办 CBA赛事为例［J］. 钦州学院学报，2018，33（3）：80-84.

[26] 凡菲."超级碗"广告的启示［J］. 青年记者，2017，577（29）：105-106.

[27] 冯云廷. 城市经济学［M］. 大连：东北财经大学出版社，2015.

[28] 葛春艳. 北京奥运会对中国经济的影响［J］. 神州，2012（24）：210.

[29] 广西壮族自治区体育局. 环法的洪荒之力——浅谈环法带来的社会经济效益［EB/OL］.［2017-08-07］. https：//www.sport.gov.cn/n14471/n14491/n14528/c818317/content.htm.

[30] 郭克锋. 旅游决策及其影响因素研究［J］. 特区经济，2009（2）：152-153.

[31] 国际滑雪市场分析：全世界共有1.2亿滑雪人口［EB/OL］.［2015-06-02］. https：//www.8264.com/viewnews-101198-page-1.html.

[32] 国务院办公厅. 国务院办公厅关于加快发展健身休闲产业的指导意见［EB/OL］.［2016-10-28］. http：www.gov.cn/zhengce/content/2016-10/28/content_5125475.htm.

[33] 韩联社. 春川休闲大赛今日隆重开幕，规模为世界休闲活动之最［EB/OL］.［2010-08-28］. https：//cn.yna.co.kr/view/ACK20100828000400881.

[34] 韩鲁安，崔继安，和平，等. 体育旅游对国民经济和社会发展的作用［J］. 天津体育学院学报，2000（2）：42-44.

[35] 韩忠培. 中国体育旅游资源和体育旅游市场开发研究［J］. 体育与科学，2005（3）:39-42.

[36] 胡冬临. 我国体育旅游资源开发分析［J］. 体育文化导刊，2014（11）：92-94;134.

[37] 胡可. NBA商业联盟的经济影响探究［J］. 全国流通经济，2018（31）：82-83.

[38] 胡明洋，雷雨冰，邢尊明. 体育赛事旅游者观赛动机的实证研究［J］. 四川体育科学，2022，41（4）：54-59.

[39] 胡明洋. 体育赛事旅游者的观赛动机及影响因素研究［D］. 泉州：华侨大学，2020.

[40] 胡锐凯. 成都发布全国首个超大城市户外休闲运动专项规划［EB/OL］.［2023-01-31］. https：//baijiahao. baidu. com/s? id=

1756524049756356965&wfr=spider&for=pc.

[41] 胡英清，姚婷.区域整合视角下广西北部湾发展休闲体育旅游的分析［J］.
商场现代化，2012，678（9）：39-41.

[42] 胡拥军.体育大拜年水上运动嘉年华在蜈支洲岛开启［J/OL］.［2023-01-
28］. http：//lwj.sanya.gov.cn/wljsite/gzdt/202301/f782813034aa4eaf912
17521538c9b5f.shtml.

[43] 胡长琪.心理连续性模型（PCM）视角下美国终极格斗冠军赛（UFC）的
中国市场推广研究［D］.北京：首都体育学院，2020.

[44] 黄培昭，潘晓彤，辛斌."最昂贵"世界杯之后卡塔尔怎么"回本"？［N］.
环球时报，2022-12-16（11）.

[45] 黄谦，荀阳，葛小雨.感知风险作用下的负向口碑效应对参与型体育消费
意愿的影响［C］.中国体育科学学会.第十一届全国体育科学大会论文摘
要汇编，2019.

[46] 黄艳梅，杨志雄."靠山吃山" 广西小山村借"岩壁芭蕾"焕新生［EB/
OL］.［2022-11-20］. https：//baijiahao.baidu.com/s？id=
1750020180853345859&wfr=spider&for=pc.

[47] 贾雨辰.2022年冬奥会对张家口地区经济的影响［J］.中国集体经济，
2022，704（12）：41-44.

[48] 焦彦.基于旅游者偏好和知觉风险的旅游者决策模型分析［J］.旅游学刊，
2006（5）：42-47.

[49] 康恺."超级碗"狂欢吸金 仿佛疫情从未打趴美国经济［N］.第一财经日
报，2022-02-16（A01）.

[50] 李博，叶心明.体育旅游者行为影响因素分析［J］.体育科技文献通报，
2013，21（4）：99-101.

[51] 李刚，孙晋海，代刚.城镇居民体育旅游风险知觉消费行为实证研究［J］.
北京体育大学学报，2016，39（6）：20-28.

[52] 李广宁.F1中国站大奖赛对长江三角洲经济和社会影响的分析［J］.辽宁
体育科技，2004（5）：28-29.

[53] 李凯娜，朱亚成，金媛媛，等.中国体育旅游研究综述［J］.体育科技文献
通报，2018，26（2）：5-10.

[54] 李珂.武汉市不同年龄群体体育旅游的认知、需求、动机和行为特征［J］.
武汉体育学院学报，2012，46（6）：58-62.

[55] 李民桂.中国排球联赛职业化发展道路的经济社会学分析［J］.福建体育
科技，2016，35（3）：24-26.

[56] 李明杨.参与型体育旅游者的满意度研究［D］.曲阜：曲阜师范大学，

2021.

[57] 李木圳.与篮球相关收入达89亿，NBA赛季收入突破100亿美元创纪录
      [EB/OL].［2022-07-18］. https：//www.jiemian.com/article/7764896.
      html.

[58] 李天元，陈家刚.体育旅游资源开发及营销［J］.旅游科学，2006（6）：
      41-45.

[59] 李相如. 我国休闲体育的时代特点与发展趋势［EB/OL］.［2020-10-
      12］. https：//www. sport. gov. cn/n20001280/n20745751/n20767279/
      c21256817/content.html.

[60] 李晓莉，文吉.2010年广州亚运会旅游的战略地位与应对策略［J］.广州
      大学学报（社会科学版），2007（4）：27-30.

[61] 李勇.试论发展我国体育旅游的对策［J］.武汉理工大学学报（信息与管理
      工程版），2004（2）：127-129;134.

[62] 李忠堂，杨睿.辽宁省冰雪体育旅游资源开发现状研究［J］.体育科技，
      2019，40（3）：87-88.

[63] 李祝青.体育旅游对国民经济和社会发展的价值探究［J］.体育世界（学术
      版），2018（6）：52-53.

[64] 梁颖然.体育赛事对城市形象影响研究［D］.杭州：浙江工商大学，2022.

[65] 辽宁省体育局.努力奔跑70载 辽宁体育追梦新时代［EB/OL］.［2022-
      12-04］. https：//www. sport. gov. cn/n14471/n14477/n14514/c928351/
      content.html

[66] 辽宁省体育局.2021年辽宁省体育场地统计调查数据［EB/OL］.（2022-
      07-29）［2022-12-29］. https：//tyj. ln. gov. cn/tyj/zfxxgk/fdzdgknr/ys/js/
      qtgknr/DA4D9EA1E84B492CBA353B6225EAC6D1/P02022072941104
      0160072.pdf.

[67] 刘佃泉，吴殷，李海，等.体育旅游资源的分类与评价研究［J］.南京体育
      学院学报，2022，21（2）：47-56.

[68] 刘东锋.全球著名体育城市的演进、特征与路径——兼论上海的目标定位与
      发展策略［J］.体育科研，2021，42（1）：52-61.

[69] 刘建军.网球小镇温布尔登的魅力［J］.群众，2021，670（24）：66-67.

[70] 刘依兵，史曙生.改革开放40年我国体育旅游发展回顾与展望［J］.山东
      体育科技，2019，41（4）：22-25.

[71] 刘志民.旅游与体育旅游概论［M］.北京：人民体育出版社，2008.

[72] 柳伯力，陶宇平.体育旅游导论［M］.北京：人民体育出版社，2003.

[73] 卢浩.中国男子篮球职业联赛市场化研究［D］.哈尔滨：哈尔滨体育学院，

　　　　2022.

[74]　洛轸念.厦马鸣枪，旅游之城厦门靠体育重焕生机［EB/OL］.［2021-04-
　　　　10］. https：//sports.sohu.com/a/459969530_120743484.

[75]　吕明.公路车男子精英组比赛现场［EB/OL］.［2022-09-18］. http：//
　　　　www.chinanews.com.cn/tp/2022/09-18/9855239.shtml

[76]　马江涛，李树旺，李京律，等.大众冰雪运动参与休闲限制对变通策略的
　　　　影响研究［J］.沈阳体育学院学报，2021,40(1):116-124.

[77]　马洁，黄嬡，黄海燕.F1大奖赛中国站与上海城市旅游发展［J］.体育科
　　　　研，2011，32（6）：22-27.

[78]　马艺欧.中国足协超级杯落幕，两冠军总结过往展望未来［N］.中国体育
　　　　报，2019-02-25.

[79]　闵健.体育旅游及其界定［J］.武汉体育学院学报，2002（6）：4-6.

[80]　莫再美，李荣源.关于体育旅游负面效应的思考［J］.体育科技，2008
　　　　(1)：13-15;18.

[81]　牛子悦.休闲制约理论视域下影响消费者参与北京市滑雪体育旅游制约因
　　　　素的研究［D］.北京：首都体育学院，2021.

[82]　潘静.自我决定理论视角下参与型体育赛事旅游消费行为意向研究［D］.
　　　　上海：上海体育学院，2020.

[83]　逢艳，夏敏慧.休闲体育旅游在国际旅游岛中的地位［J］.法制与社会，
　　　　2010（25）：184-185.

[84]　彭惊.14连冠之后，成都如何进阶高品质生活［EB/OL］.［2022-07-04］.
　　　　https：//mp. weixin. qq. com/s?__biz=MzA4MTg1NzYyNQ==&mid=
　　　　2652563342&idx=1&sn=1fe927dcd810df18b59a27d305e30191&chksm
　　　　=8460dab8b31753ae37016573af387115a4821e080e77326e49b358d1c6
　　　　835e2eed3747d3edce#rd.

[85]　澎湃新闻.他们是北京冬奥会志愿者，他们和中国有个约定［EB/OL］.
　　　　［2020-01-09］. https：//ishare.ifeng.com/c/s/7t5juLUg2V8.

[86]　棋盘山官方网站.棋盘山冰雪大世界 冬日里的童话王国［EB/OL］.
　　　　［2022-12-12］. http://syqpsjq.com/detail/index.html?id=1043.

[87]　千山景区官网.了解千山［EB/OL］.［2022-12-12］. http：//www.
　　　　qianshanjingqu.com.

[88]　钱勇刚.体育赛事旅游开发研究［D］.泉州：华侨大学，2008.

[89]　清华体育产业研究中心.厦马20年，彰显奔跑背后的产业力量［EB/OL］.
　　　　［2022-11-29］. https：//mp.weixin.qq.com/s/OPQoHcr4UdSSIXEz58G
　　　　75A.

[90]　佚名.全国各省市区概况［EB/OL］.［2014-02-12］.http：//www.ln.gov.cn.

[91]　沈丽玲，应淑娟.体育旅游产业特征及发展策略［J］.当代体育科技，2018，8（28）：222;224.

[92]　史瑞应.基于"人-地-业"三维视角的体育赛事旅游目的地发展研究［D］.北京：北京体育大学，2020.

[93]　宋杰，孙庆祝，刘红建.基于WSR分析框架的体育旅游系统影响因素研究［J］.中国体育科技，2010，46（5）：139-145.

[94]　谭白英，邹蓉.体育旅游在中国的发展［J］.体育学刊，2002（3）：22-25.

[95]　唐晓彤.大型国际体育赛事对社会发展的波及效应［J］.广州体育学院学报，2007（1）：26-28.

[96]　陶卫宁，张淑珊.基于休闲限制理论的澳门居民MGP相关休闲行为研究［J］.旅游学刊，2016，31（6）：50-59.

[97]　铁钰，代长义，郑超，等.基于WSR框架下辽宁省体育旅游发展策略［J］.运动，2015（1）：143-144.

[98]　宛霞，邵凯.色系视角下体育旅游资源分类新论［C］//2011第九届全国体育科学大会论文摘要汇编（1）.［出版者不详］，2011：377-378.

[99]　宛霞.体育旅游资源分类新论［J］.体育文化导刊，2012（7）：86-89.

[100]　汪德根，陆林，刘昌雪.体育旅游市场特征及产品开发［J］.旅游学刊，2002（1）：49-53.

[101]　王斌，陈崴.2012伦敦奥运会对英国经济和旅游业的影响［J］.金融经济，2011，354（24）：32-33.

[102]　王改芳，沈建华.上海市小学生余暇体育行为的影响因素研究——基于休闲限制理论视角［J］.体育科研，2019，40（4）：99-104.

[103]　王辉.实用的市场细分方法思考［J］.现代商贸工业，2016，37（23）：58-60.

[104]　王建国.NBA联盟市场的形成、细分及互动关系研究［J］.成都体育学院学报，2010，36（4）：19-22.

[105]　王建国.NBA联盟市场营销实施研究［J］.北京体育大学学报，2010，33（9）：30-33.

[106]　王居海.基于游客特征的体育旅游市场分析研究［J］.渭南师范学院学报，2012，27（6）：88-91.

[107]　王俊淇.西安市体育旅游者参与特征及优化对策研究［D］.西安：西安体育学院，2019.

[108] 王立冬，李旺，周子琳，等．体育旅游市场细分研究进展 ［J］．体育科技文献通报，2021，29（8）：14-19．

[109] 王瑞．大型体育赛事与城市居民互动关系研究 ［D］．成都：成都体育学院，2022．

[110] 王思文，汤龙．助力冬奥 盘锦红海滩冬季旅游持续升温 ［EB/OL］．［2022-01-21］．http：//ln．people．com．cn/n2/2022/0121/c400024-35106432.html．

[111] 王维东．辽宁省体育旅游产业可持续发展的研究 ［J］．佳木斯职业学院学报，2018（3）：377-378．

[112] 王者，蒋依依，洪鹏飞，等．体育旅游境外研究进展与展望 ［J］．中国生态旅游，2021，11（2）：176-189．

[113] 魏永，李伟超．NBA 成功营销现状及策略的研究 ［J］．安徽体育科技，2010，31（1）：6-8．

[114] 文静，成天，李小红．新时代参与型体育赛事旅游的开发模式及策略研究 ［J］．浙江体育科学，2019，41（2）：37-40;85．

[115] 吴冰倩．观赏型体育旅游者的观赛动机与限制因素对参与意愿的影响研究 ［D］．上海：上海体育学院，2019．

[116] 夏敏慧，田晓玉，王辉，等．体育旅游者行为特征的研究——以海南为例 ［J］．沈阳体育学院学报，2015，34（1）：56-60;77．

[117] 夏敏慧．海南体育旅游开发研究 ［M］．北京：北京体育大学出版社，2005．

[118] 夏学英，毛润泽．辽宁少数民族体育旅游资源开发研究 ［J］．沈阳师范大学学报（社会科学版），2004（2）：115-118．

[119] 向宇轩．中国足球超级联赛品牌影响力研究 ［D］．长沙：湖南师范大学，2021．

[120] 谢彦君，吴凯，于佳．体育旅游研究的历史流变及其具身体验转向 ［J］．上海体育学院学报，2021，45（11）：16-30;60．

[121] 新浪体育．肯尼亚选手独占韩国马拉松前六名或归化提升战绩 ［EB/OL］．［2016-10-24］．http：//sports．sina．com．cn/run/2016-10-24/doc-ifxwztru6999403.shtml．

[122] 邢国友，张岚．辽宁省体育旅游资源开发的优势与潜优势研究 ［J］．哈尔滨体育学院学报，2012，30（2）：68-71．

[123] 徐力．让民族传统体育兴旺起来 ［EB/OL］．［2022-08-09］．http：//opinion.people.com.cn/n1/2022/0809/c1003-32497642.html．

[124] 徐连进．体育旅游初探 ［J］．体育科技文献通报，2006（4）：43-44．

[125] 许晖，许守任，王睿智．消费者旅游感知风险维度识别及差异分析［J］．旅游学刊，2013，28（12）：71-80.

[126] 许咏媚．休闲潜水者感知风险对自发性表现行为的影响研究［D］．广州：广州大学，2020.

[127] 鸭绿江之窗．丹东一地上榜！首批 12 家国家级滑雪旅游度假地公示［EB/OL］．［2022-12-15］．http：//www.yljzc.com/zh/News_6131.html.

[128] 杨伏山，吴馨骅．厦马获"世界田联精英白金标"跻身世界马拉松最高级别赛事行列［EB/OL］．［2021-02-26］．https：//www.chinanews.com.cn/ty/2021/02-26/9419365.shtml.

[129] 杨光．中国足球协会超级联赛竞赛管理体制研究［D］．北京：北京体育大学，2012.

[130] 杨赳赳．我国体育旅游发展的现状及对策［J］．湖南人文科技学院学报，2004（4）：34-35;90.

[131] 杨强．事件旅游概念辨析［J］．资源开发与市场，2006（6）：588-590.

[132] 杨强．体育旅游产业融合发展的动力与路径机制［J］．体育学刊，2016，23（4）：55-62.

[133] 杨强．中国体育旅游研究 20 年：述评与展望［J］．中国体育科技，2011，47（5）：90-100;115.

[134] 杨秀丽，杨松．体育旅游市场的发展对体育旅游专业人才的要求［J］．沈阳体育学院学报，2003（4）：34-35.

[135] 杨秀芹．辽宁省体育旅游市场现状与发展战略研究［J］．商场现代化，2009（1）：229.

[136] 杨玉杰．黄山市体育旅游市场细分与营销策略［J］．冰雪运动，2015，37（5）：75-78;88.

[137] 杨紫晨．观赛旅游者时空行为特征与模式研究［D］．西安：陕西师范大学，2020.

[138] 姚芳虹．对环法自行车赛的商业开发分析［J］．现代商业，2016，429（20）：180-181.

[139] 佚名．鸟巢［EB/OL］．［2023-02-05］．https：//www.zcool.com.cn/work/ZMzc5MjkxODg=.html

[140] 佚名．NBA 球星超暖心！赛后库里、韦德与粉丝亲切互动！［EB/OL］．［2018-01-08］．https：//www.sohu.com/a/215316542_99975064.

[141] 佚名．超经典的见证世界杯历史的照片!!燃爆整个朋友圈！［EB/OL］．［2018-06-20］．https：//www.sohu.com/a/236743117_743786.

[142] 佚名．上海市市长称今年将举办上海网球大师赛，ATP 赛事有望全面回归

中 国 ［EB/OL］．［2023-03-23］． https：//sports. sohu. com/a/ 629173199_121421123.

［143］尹德涛，夏学英.体育旅游与体育旅游资源分类研究［J］.商业时代， 2007（11）：2.

［144］于素梅.体育旅游的内涵及可持续发展研究［J］.解放军体育学院学报， 2005（1）：32-34.

［145］于素梅.我国不同群体参与体育旅游的动机调查与分析［J］.广州体育学院 学报，2007（4）：20-22.

［146］于素梅.小康社会的体育旅游资源开发研究［J］.体育科学，2007（5）： 23-35.

［147］禹唐体育.大城市的后花园，也能是世界闻名的体育小镇［EB/OL］. ［2017-08-02］. http：//www.ytsports.cn/news-14457.html.

［148］月影.超级碗现场气氛热烈 观众挤满所有看台［EB/OL］.［2009-02- 02］. https：//sports.sohu.com/20090202/n262009229.shtml.

［149］张杰.地理因素对体育消费的发展促进研究［J］.体育风尚，2018 （9）：294.

［150］张谋耀.冠军战车 2022 环法第三阶段获胜器材盘点［EB/OL］.［2022- 07-26］. http：//www.wildto.com/news/54644.html.

［151］张强，柳伯力.国内外体育旅游业发展概况［J］.四川体育科学，2003 （2）：1-2.

［152］张晓凤.旅游风险感知与旅游行为决策关系研究［D］.郑州：河南工业大 学，2017.

［153］张颖.基于SWOT分析法的天桥沟森林公园旅游开发现状研究［J］.城市 地理，2016（16）：19.

［154］赵振斌.双休日休闲旅游市场特征及产品开发［J］.人文地理，1999（4）： 46-49.

［155］甄宇.从"提振效应"和"低谷效应"看奥运会的经济影响［J］.重庆科技 学院学报（社会科学版），2013，190（3）：84-86.

［156］中国日报网.2023 中国最北海岸线冰凌穿越挑战赛在盘锦举行［EB/OL］ ［2023-01-16］．https：//baijiahao. baidu. com/s？ id= 1755165694123644098&wfr=spider&for=pc.

［157］中国田径协会. 2019 中国马拉松大数据分析报告［EB/OL］.［2020-05- 01］. http：// www.athletics.org.cn/news/marathon/2020/0501/346438. html.

［158］周玲，黄朋飞，刘娇.川藏线骑行旅游者风险感知对忠诚度的影响研究

［J］. 国土资源科技管理，2019，36（4）：13.

［159］ 周晓丽，马小明.国际体育赛事对举办城市旅游经济影响实证分析［J］. 经济问题探索，2017（9）：38-45.

［160］ 周舟.美国人看超级碗当天消耗1100万磅薯条12.5亿个鸡翅［EB/OL］. ［2017-02-07］. http://www.sohu.com/a/125658703_123753.

［161］ 朱才威.省体育产业发展大会举行：我省体育产业增加值连续四年两位数增长［N］. 辽宁日报，2020-10-16.

［162］ AGRUSA J, LEMA J, KIM S, et al. The impact of consumer behavior and service perceptions of a major sport tourism event［J］. Asia Pacific Journal of Tourism Research, 2009, 14（3）：267-277.

［163］ AICHER T J, BUNING R J, NEWLAND B L. Running through travel career progression： social worlds and active sport tourism ［J］. Journal of Sport Management, 2020, 34（6）：542‐553.

［164］ AICHER T J, KARADAKIS K, EDDOSARY M M. Comparison of sport tourists' and locals' motivation to participate in a running event ［J］. International Journal of Event and Festival Management, 2015, 6 （3）：215‐234.

［165］ AKHOONDNEJAD A. Loyalty formation process of tourists in sporting event： the case of Turkmen horse races ［J］. Journal of Hospitality and Tourism Management, 2018, 34：48‐57.

［166］ ALEXANDRIS K, DU J, FUNK D, et al. Leisure constraints and the psychological continuum model： a study among recreational mountain skiers ［J］. Leisure Studies, 2017, 36（5）：670‐683.

［167］ ALEXANDRIS K, KARAGIORGOS T, NTOVOLI A, et al. Using the theories of planned behaviour and leisure constraints to study fitness club members' behaviour after Covid-19 lockdown ［J］. Leisure Studies, 2022, 41（2）：247‐262.

［168］ ALLIED MARKET RESEARCH. Sports tourism market expected to reach $1, 803, 704.0 million by 2030—Allied Market Research ［EB/OL］. ［2023-03-26］. https://www. alliedmarketresearch. com/press-release/sports-tourism-market.html.

［169］ BALDUCK A L, MAES M, BUELENS M. The social impact of the tour de France： comparisons of residents' pre- and post-event perceptions ［J］. European Sport Management Quarterly, 2011, 11 （2）：91‐113.

[170] BAUER R A. Consumer behavior as risk taking [J]. Dynamic Marketing For a Changing World, 1960, 389-398.

[171] BEATON A A, FUNK D C, ALEXANDRIS K. Operationalizing a theory of participation in physically active leisure [J]. Journal of Leisure Research, 2009, 41 (2): 175-203.

[172] BEATON A A, FUNK D C, RIDINGER L, et al. Sport involvement: a conceptual and empirical analysis [J]. Sport Management Review, 2011, 14 (2): 126-140.

[173] BLANKERTZ D F, COX D F. Risk taking and information handling in consumer behavior [J]. Journal of Marketing Research, 1969, 6 (1): 110-111.

[174] BRANDON-LAI S A, FUNK D C, JORDAN J S. The stage-based development of behavioral regulation within the context of physically active leisure [J]. Journal of Leisure Research. 2015, 47 (4): 401-424.

[175] BULL C, LOVELL J. The impact of hosting major sporting events on local residents: an analysis of the views and perceptions of Canterbury residents in relation to the tour de France 2007 [J]. Journal of Sport & Tourism, 2007, 12 (3-4): 229-248.

[176] BULL C, WEED M. Sports tourism: participants, policy and providers [M]. Jordan Hill, United States: Taylor & Francis Group, 2003.

[177] CHEN C-C, PETRICK J F. The roles of perceived travel benefits, importance, and constraints in predicting travel behavior [J]. Journal of Travel Research, 2016, 55 (4): 509-522.

[178] CHIEN P M, RITCHIE B W, SHIPWAY R, et al. I am having a dilemma: factors affecting resident support of event development in the community [J]. Journal of Travel Research, 2012, 51 (4): 451-463.

[179] CHO H, JOO D, WOOSNAM K M. Sport tourists' team identification and revisit intention: looking at the relationship through a Nostalgic Lens [J]. Journal of Hospitality & Tourism Research, 2020, 44 (6): 1002-1025.

[180] CHO J H, BAIRNER A. The sociocultural legacy of the 1988 Seoul Olympic Games [J]. Leisure Studies, 2012, 31 (3): 271-289.

[181] CHUN S B, HALPENNY E A, JEON J Y, et al. Leisure constraints and negotiation among Canadian and South Korean mountain hikers: an extension of motivations with the constraints-effect-mitigation model

[J]. Leisure Sciences Ahead-of-Print, 2022, 1 - 28.

[182] CORDINA R, GANNON M J, CROALL R. Over and over: local fans and spectator sport tourist engagement [J]. The Service Industries Journal, 2019, 39 (7-8): 590 - 608.

[183] COX D F, RICH S U. Perceived risk and consumer decision-making: the case of telephone shopping [J]. Journal of Marketing Research, 1964, 1 (4): 32.

[184] CRAWFORD D W, GODBEY G. Reconceptualizing barriers to family leisure [J]. Leisure Sciences, 1987, 9 (2): 119 - 127.

[185] CRAWFORD D W, JACKSON E L, GODBEY G. A hierarchical model of leisure constraints [J]. Leisure Sciences, 1991, 13 (4): 309 - 320.

[186] DANIELS M J. Central place theory and sport tourism impacts [J]. Annals of Tourism Research, 2007, 34 (2): 332 - 347.

[187] DAYOUR F, PARK S, KIMBU A. Backpackers' perceived risks towards smartphone usage and risk reduction strategies: a mixed methods study [J]. Tourism Management, 2019, 72: 52 - 68.

[188] DE GROOT M, ROBINSON T. Sport fan attachment and the psychological continuum model: a case study of an Australian Football League fan [J]. Leisure, 2008, 32 (1): 117 - 138.

[189] DECCIO C, BALOGLU S. Nonhost community resident reactions to the 2002 Winter Olympics: the spillover impacts [J]. Journal of Travel Research, 2002, 41 (1): 46 - 56.

[190] DOLINTING E E, YUSOF A, SOON C C. Understanding sport tourists' motives and perceptions of Sabah, Malaysia as a sport tourist destination [J]. Journal of Physical Education and Sport, 2013, 13 (4): 547 - 547.

[191] DUIGNAN M B, PAPPALEPORE I. Visitor (im) mobility, leisure consumption and mega-event impact: the territorialisation of Greenwich and small business exclusion at the London 2012 Olympics [J]. Leisure Studies, 2019, 38 (2): 160 - 174.

[192] FAIRLEY S, GIBSON H, LAMONT M. Temporal manifestations of nostalgia: Le Tour de France [J]. Annals of Tourism Research, 2018, 70: 120 - 130.

[193] FAIRLEY S, TYLER B D. Cultural learning through a sport tourism experience: the role of the group [J]. Journal of Sport & Tourism,

2009, 14（4）: 273 - 292.

[194] FAIRLEY S. In search of relived social experience: group-based nostalgia sport tourism [J]. Journal of Sport Management, 2003, 17 (3): 284 - 304.

[195] FERRUCCI L, FORLANI F & PICCIOTTI A. Sports consumption behavior: discovering typologies of amateur cyclists [J]. Sport Tourism, 2021, 28 (4): 26-31.

[196] FOURIE J, SANTANA-GALLEGO M. The impact of mega-sport events on tourist arrivals [J]. Tourism Management, 2011, 32 (6): 1364 - 1370.

[197] FUNK D C, BEATON A, PRICHARD M. The stage-based development of physically active leisure: a recreational golf context [J]. Journal of Leisure Research, 2011, 43 (2): 268 - 289.

[198] FUNK D C, BRUUN T J. The role of socio-psychological and culture-education motives in marketing international sport tourism: a cross-cultural perspective [J]. Tourism Management, 2007, 28 (3): 806-819.

[199] FUNK D C, JAMES J. The psychological continuum model: a conceptual framework for understanding an individual's psychological connection to sport [J]. Sport Management Review, 2001, 4 (2): 119 - 150.

[200] GAMMON S, ROBINSON T. Sport and tourism: a conceptual framework [J]. The Journal of Sport Tourism, 2003, 8 (1): 21 - 26.

[201] GAUDETTE M, ROULT R, LEFEBVRE S. Winter Olympic Games, cities, and tourism: a systematic literature review in this domain [J]. Journal of Sport & Tourism, 2017, 21 (4): 287 - 313.

[202] GHOLIPOUR H F, ARJOMANDI A, MARSIGLIO S, et al. Is Outstanding performance in sport events a driver of tourism [J]. Journal of Destination Marketing & Management, 2020, 18: 100507 - 100509.

[203] GIAMPICCOLI A, LEE S, NAURIGHT J. Destination South Africa: comparing global sports mega-events and recurring localised sports events in South Africa for tourism and economic development [J]. Current Issues in Tourism, 2015, 18 (3): 229-248.

[204] GIBSON H J, WILLMING C, HOLDNAK A. Small-scale event sport tourism: fans as tourists [J]. Tourism Management, 2003, 24

(2)： 181－190.

［205］ GIBSON H J. Sport tourism： a critical analysis of research ［J］. Sport Management Review，1998，1（1）：45-76.

［206］ GIBSON H，WALKER M，THAPA B，et al. Psychic income and social capital among host nation residents： a pre－post analysis of the 2010 FIFA World Cup in South Africa ［J］. Tourism Management，2014，44：113-122.

［207］ GIBSON H，ATTLE S，YIANNAKIS A. Segmenting the active sport tourist market： a life span perspective ［J］. Journal of Vacation Marketing，1998，4（1）：52－64.

［208］ GONZALEZ-GARCIA R J，ANO-SANZ V，PARRA-CAMACHO D，et al. Perception of residents about the impact of sports tourism on the community： analysis and scale-validation ［J］. Journal of Physical Education and Sport，2018，18（1）：149－156.

［209］ GRAND VIEW RESEARCH. Sports tourism market size，share & trends analysis report by sports type （soccer/football，cricket，basketball，tennis），by tourism type （active，passive，nostalgia），by region，and segment forecasts，2023—2030 ［EB/OL］. ［2023-03-19］. https： //www. grandviewresearch. com/industry-analysis/sports-tourism-market-report.

［210］ GROVE S J，PICKETT G M，JONES S A. Spectator rage as the dark side of engaging sport fans： implications for services marketers ［J］. Journal of Service Research，2012，15（1）：3－20.

［211］ HALL C M. Adventure sport and health tourism ［M］// WEILER B，HALL C M. Special interest tourism. London： Belhaven Press，1992：141-158

［212］ HALLMANN K，FEILER S，BREUER C. Sport motivation as driver for segmenting sport tourists in coastal regions ［J］. Tourism Review，2012，67（2）：4-12.

［213］ HEMMONSBEY J，TICHAAWA T M. Using non-mega events for destination branding： a stakeholder perspective ［J］. Geo Journal of Tourism and Geisites，2019，24（1）：252－266.

［214］ HENNIGS B，HALLMANN K. A motivation-based segmentation study of kitesurfers and windsurfers ［J］. Managing Sport and Leisure，2015，20（2）：117-134.

[215] HIGHAM J, HINCH T. Sport tourism development [M]. Bristol: Channel View Pubilications, 2018.

[216] HMAIDAN, L. NYC Marathon: the demographics of running. [2019-11-03]. https://marathon2019.nycitynewsservice.com/2019/11/03/new-york-marathon-the-demographics-of-running/

[217] HODECK A, HOVEMANN G. Motivation of active sport tourists in a German highland destination—a cross-seasonal comparison [J]. The Journal of Sport Tourism, 2016, 20 (3-4), 335 - 348.

[218] HODŽIĆ A, HUREMOVIĆ T. The state of sports and recreational tourism in sarajevo canton in the period from 2011 to 2021 [J]. Sport Scientific and Practical Aspects: International Scientific Journal of Kinesiology, 2022, 06 (19): 23-35. DOI: 10.51558/1840-4561.2022.19.1.23.

[219] HUA K P, CHIU L K. Multiculturism: issues of Malaysian female sport tourists' in event-based sport tourism [J]. Procedia, Social and Behavioral Sciences, 2013, 91: 270 - 287.

[220] HUANG D, LIU X, LAI D, et al. (2019). Users and non-users of P2P accommodation [J]. Journal of Hospitality and Tourism Technology, 2019, 10 (3): 369-382.

[221] HUANG H, LIU S Q, KANDAMPULLY J, et al. Consumer responses to scarcity appeals in online booking [J]. Annals of Tourism Research, 2020, 80: 102800.

[222] HUANG S, YU J, XIE C. Effect of perceived job risk on organizational conflict in tourism organizations: examining the roles of employee responsible behavior and employee silence [J]. Journal of Hospitality and Tourism Management, 2022, 53: 21 - 31.

[223] HUNGENBERG E, GRAY D, GOULD J, et al. An examination of motives underlying active sport tourist behavior: a market segmentation approach [J]. Journal of Sport & Tourism, 2016, 20 (2): 81-101.

[224] HWANG J, CHOE J Y. How to enhance the image of edible insect restaurants: focusing on perceived risk theory [J]. International Journal of Hospitality Management, 2020, 87: 102464.

[225] International Olympic Committee. London 2012: engaging, inspiring andtransforming. [EB/OL]. [2022-08-03] https://olympics.com/ioc/legacy/london-2012/london-2012-engaging-inspiring-and-transforming.

［226］ ISAO O，HARUO N，DUARTE M. Resource investments and loyalty to recreational sport tourism event ［J］. Journal of Travel & Tourism Marketing, 2010, 9 (27): 565-578.

［227］ JACKSON E L. Special issue introduction: leisure constraints/ constrained leisure ［J］. Leisure Sciences, 1991, 13 (4): 273-278.

［228］ JEON J H, CASPER J M. An examination of recreational golfers' psychological connection, participation behavior, and perceived constraints ［J］. Journal of Leisure Research, 2021, 52 (1): 62-76.

［229］ JIN J, ZHOU B, NADAL J R. An assessment of the factors influencing loyalty among active sport event tourists: the case of Mallorca 312 in Spain ［J］. The International Journal of Tourism Research, 2022, 24 (5): 677-688.

［230］ JOHANN M, MISHRA S, MALHOTRA G, et al. Participation in active sport tourism: impact assessment of destination involvement and perceived risk ［J］. The Journal of Sport Tourism, 2022, 26 (2): 101-123.

［231］ KAPLANIDOU K, JORDAN J, FUNK D, et al. Recurring sport events and destination image perceptions: impact on active sport tourist behavioral intentions and place attachment ［J］. Journal of Sport Management, 2012, 26 (3): 237-248.

［232］ KILPATRICK M, HEBERT E, BARTHOLOMEW J. College students' motivation for physical activity: differentiating men's and women's motives for sport participation and exercise ［J］. Journal of American College Health, 2005, 54 (2): 87-94.

［233］ KIM N S, CHALIP L. Why travel to the FIFA World Cup? effects of motives, background, interest, and constraints ［J］. Tourism Management, 2004, 25 (6): 695-707.

［234］ KONSTANTAKI M, WICKENS E. Residents' perceptions of environmental and security issues at the 2012 London Olympic Games ［J］. Journal of Sport & Tourism, 2010, 15 (4): 337-357.

［235］ KRUGER M, MYBURGH E, SAAYMAN M. A motivation-based typology of road cyclists in the cape town cycle tour, South Africa ［J］. Journal of Travel & Tourism Marketing, 2016, 33 (3): 380-403.

［236］ KRUGER M, SAAYMAN M, ELLIS S. A motivation based typology of open-water swimmers ［J］. South African Journal for Research in Sport, Physical Education and Recreation, 2011, 33 (2): 59-79.

[237] KRUGER M, VILJOEN A, CRONJÉ D. Hold your horses! a typology of endurance horse-riding participants [J]. Managing Sport and Leisure, 2021, 26 (6): 443-465.

[238] KRUGER S, SIRGY M J, LEE D J, et al. Does life satisfaction of tourists increase if they set travel goals that have high positive valence [J]. Tourism Analysis, 2015, 20 (2): 173-188.

[239] KUNKEL T, FUNK D, KING C. Developing a conceptual understanding of consumer-based league brand associations [J]. Journal of Sport Management, 2014, 28 (1): 49-67.

[240] KURTZMAN J, ZAUHAR J. A wave in time—the sports tourism phenomena [J]. The Journal of Sport Tourism, 2003, 8 (1): 35-47.

[241] KWIATKOWSKI G, KONECKE T. Tourism and recurring sport events: event tourists' and regular tourists' profiles and expenditures at the Windsurf World Cup on Sylt [J]. Sport, Business and Management, 2017, 7 (5): 464-482.

[242] MACKELLAR J, NISBET S. Sport events and integrated destination development [J]. Current Issues in Tourism, 2017, 20 (13): 1320-1335.

[243] MAIR J, DUFFY M. The role of festivals in strengthening social capital in rural communities [J]. Event Management, 2018, 22 (6): 875-889.

[244] MARTÍNEZ-CEVALLOS D, PROAÑO-GRIJALVA A, ALGUACIL M, et al. Segmentation of participants in a sports event using cluster analysis [R/OL]. Sustainability (Basel, Switzerland), 2020-12-14: 5641.

[245] MASLOW, A. H. A theory of human motivation [J]. Psychological Review, 1943 (50): 370-396.

[246] MCMANUS J. Football tourist trips: a new analytic for tourism studies [J]. Annals of Tourism Research, 2020 (84): 102985.

[247] MIRAGAIA D A M, MARTINS M A B. Mix between satisfaction and attributes destination choice: a segmentation criterion to understand the ski resorts consumers [J]. The International Journal of Tourism Research, 2015, 17 (4): 313-324.

[248] MOUTINHO. Consumer behavior in tourism [J]. Strategic Manager in Tourism, 1987, (2): 83-126.

[249] MYBURGH E, KRUGER M, SAAYMAN M. When sport becomes a way

of life—a lifestyle market segmentation approach [J]. Managing Sport and Leisure, 2019, 24: 1-3, 97-118.

[250] NAGY K Z, TÓTH K, GYÖMBÉR N, et al. Motives underlying water sport tourist behaviour: a segmentation approach [J]. World Leisure Journal, 2021, 63 (1): 109-127.

[251] OHMANN S, JONES I, WILKES K. The perceived social impacts of the 2006 Football World Cup on Munich residents [J]. The Journal of Sport Tourism, 2006, 11 (2): 129-152.

[252] OKLEVIK O, SAHA P, NATH A, et al. In search of optimum stimulation at sport events [J]. The Journal of Sport Tourism, 2021, 25 (2): 83-103.

[253] PADRON-AVILA H, CROES R, RIVERA M. Activities, destination image, satisfaction and loyalty in a small island destination [J]. Tourism Review, 2022, 77 (1): 302-321.

[254] PAKER N, GOK O. The influence of perceived risks on Yacht Voyagers' service appraisals: evaluating customer-to-customer interaction as a risk dimension [J]. Journal of Travel & Tourism Marketing, 2021, 38 (6): 582-596.

[255] Paris Tourist Office Official website. 4 great cycling routes for exploring Paris! [EB/OL]. [2023-03-19]. https://en.parisinfo.com/what-to-see-in-paris/info/guides/paris-cycling-exploring.

[256] PARK S, TUSSYADIAH I. Multidimensional facets of perceived risk in mobile travel booking [J]. Journal of Travel Research, 2016, 56 (7): 854-867.

[257] PLUNKETT D, BROOKS T J. Examining the relationship between satisfaction, intentions, and post-trip communication behavior of active event sport tourists [J]. The Journal of Sport Tourism, 2018, 22 (4): 303-313.

[258] POMFRET G. Package mountaineer tourists holidaying in the French Alps: an evaluation of key influences encouraging their participation [J]. Tourism Management, 2011, 32 (3): 501-510.

[259] SHONE, A. Successful event management: a practical handbook [M]. Andover: Cengage Learning EMEA, 2013.

[260] SOLBERG H A, PREUSS H. Major sport events and long-term tourism impacts [J]. Journal of Sport Management, 2007, 21 (2): 213-

234.

[261] STANDEVEN J, KNOP P. Sport tourism ［M］. Champaign III: Human Kinetics, 1999.

[262] STORM R K, JAKOBSEN T G. National pride, sporting success and event hosting: an analysis of intangible effects related to major athletic tournaments ［J］. International Journal of Sport Policy and Politics, 2020, 12 (1): 163 - 178.

[263] SWART K, GEORGE R, CASSAR J, et al. The 2014 FIFA World Cup: tourists' satisfaction levels and likelihood of repeat visitation to Rio de Janeiro ［J］. Journal of Destination Marketing & Management, 2018, 8: 102 - 113.

[264] SwitzerlandTourism.TheOlympicMuseum ［EB/OL］. ［2023-03-19］. https://www.myswitzerland.com/en/experiences/the-olympic-museum/.

[265] TERZIĆ A, DEMIROVIĆ D, PETREVSKA B, et al. Active sport tourism in Europe: applying market segmentation model based on human values ［J］. Journal of Hospitality & Tourism Research, 2021, 45 (7): 1214 - 1236.

[266] UK TRADE & INVESTMENT AND DEPARTMENT FOR BUSINESS, INNOVATION & SKILLS. Turning the Games into gold: government announces almost-10 billion economic boost from London 2012 ［EB/OL］. ［2022-07-19］. https://www.gov.uk/government/news/turning-the-games-into-gold-government-announces-almost-10-billion-economic-boost-from-london-2012.

[267] VisitBritain. 环法自行车赛为约克郡带来的效应初现 ［EB/OL］. ［2015-01-16］. https://www. visitbritain. com/gb/en/media/corporate-news/huan-fa-zi-xing-che-sai-wei-yue-ke-jun-dai-lai-de-xiao-ying-chu-xian.

[268] WAN S K, SONG H. Economic impact assessment of mega-events in the United Kingdom and Brazil ［J］. Journal of Hospitality & Tourism Research, 2019, 43 (7): 1044 - 1067.

[269] WANG H Y. Determinants hindering the intention of tourists to visit disaster-hit destinations ［J］. Current Issues in Tourism, 2017, 20 (5): 459-479.

[270] WEED M. Sports tourism research 2000 - 2004: a systematic review of knowledge and a meta-evaluation of methods ［J］. Journal of Sport &

Tourism，2006，11（1）：5－30.

[271] WONG I A，TANG S L W. Linking travel motivation and loyalty in sporting events： the mediating roles of event involvement and experience，and the moderating role of spectator type ［J］. Journal of Travel & Tourism Marketing，2016，33（1）：63－84.

[272] YOSHIDA M，GORDON B，NAKAZAWA M，et al. Conceptualization and measurement of fan engagement： empirical evidence from a professional sport context ［J］. Journal of Sport Management，2014，28（4）：399－417.

[273] ZAREI A，RAMKISSOON H. Sport tourists' preferred event attributes and motives： a case of Sepak Takraw，Malaysia ［J］. Journal of Hospitality & Tourism Research，2021，45（7）：1188－1213.

[274] ZHANG J，BYON K K. Effects of the event and its destination image on sport tourists' attachment and loyalty to a destination： the cases of the Chinese and U.S. formula one grand prix ［J］. Asia Pacific Journal of Tourism Research，2019，24（12）：1169－1185.

附录1：篮球赛事旅游调查问卷

1.您是否参与过篮球赛事旅游，即为了参加或观看篮球赛事而旅行到其他地方？

A．是

B．否

2.您在过去三年中平均每年去外地参加或观看篮球赛事的频率是？

A．0次

B．1~2次

C．3~5次

D．5次以上

3.请根据下列参与篮球赛事旅游的描述，选择最符合您的一项。

	1	2	3	4	5	6	7
1）参与篮球赛事旅游是最让我有满足感的事情之一	非常不同意	不同意	有点不同意	中立	有点同意	同意	非常同意
2）我非常享受参与篮球赛事旅游的过程	非常不同意	不同意	有点不同意	中立	有点同意	同意	非常同意
3）和其他活动相比，我认为篮球赛事旅游非常有趣	非常不同意	不同意	有点不同意	中立	有点同意	同意	非常同意
4）我的业余生活很大程度上是围绕着篮球赛事旅游展开的	非常不同意	不同意	有点不同意	中立	有点同意	同意	非常同意
5）篮球赛事旅游在我的生活中占据着核心位置	非常不同意	不同意	有点不同意	中立	有点同意	同意	非常同意
6）我的大部分业余时间安排都围绕着篮球赛事旅游展开	非常不同意	不同意	有点不同意	中立	有点同意	同意	非常同意
7）参与篮球赛事旅游能展现我的个性	非常不同意	不同意	有点不同意	中立	有点同意	同意	非常同意
8）当我参与篮球赛事旅游的时候，我能感受到真实的自我	非常不同意	不同意	有点不同意	中立	有点同意	同意	非常同意
9）篮球赛事旅游是我生活的一部分	非常不同意	不同意	有点不同意	中立	有点同意	同意	非常同意

4.请根据下列关于阻碍参与篮球赛事旅游的因素描述，选择最符合您的一项。

	1	2	3	4	5	6	7
1）没有合适的同伴	非常不同意	不同意	有点不同意	中立	有点同意	同意	非常同意
2）独自参与篮球赛事旅游很无趣	非常不同意	不同意	有点不同意	中立	有点同意	同意	非常同意
3）家人或朋友没有兴趣参与	非常不同意	不同意	有点不同意	中立	有点同意	同意	非常同意
4）家人或朋友没有时间一同参与	非常不同意	不同意	有点不同意	中立	有点同意	同意	非常同意
5）参与篮球赛事旅游活动令我感到身体不适	非常不同意	不同意	有点不同意	中立	有点同意	同意	非常同意
6）参与篮球赛事旅游不能令我放松	非常不同意	不同意	有点不同意	中立	有点同意	同意	非常同意
7）对篮球赛事旅游的了解有限	非常不同意	不同意	有点不同意	中立	有点同意	同意	非常同意
8）对篮球赛事旅游缺乏兴趣	非常不同意	不同意	有点不同意	中立	有点同意	同意	非常同意
9）参与篮球赛事旅游有风险	非常不同意	不同意	有点不同意	中立	有点同意	同意	非常同意
10）参与篮球赛事旅游对体能要求过高	非常不同意	不同意	有点不同意	中立	有点同意	同意	非常同意
11）参与篮球赛事旅游开销过大	非常不同意	不同意	有点不同意	中立	有点同意	同意	非常同意
12）没有时间参与	非常不同意	不同意	有点不同意	中立	有点同意	同意	非常同意
13）需要照顾家庭难以抽身	非常不同意	不同意	有点不同意	中立	有点同意	同意	非常同意
14）工作/学习繁忙，难以抽身	非常不同意	不同意	有点不同意	中立	有点同意	同意	非常同意

5.您未来参与篮球赛事旅游的意愿如何，请选择最符合您的一项。

	1	2	3	4	5	6	7
1）我十分愿意参与篮球赛事旅游	非常不同意	不同意	有点不同意	中立	有点同意	同意	非常同意
2）我想要参与篮球赛事旅游	非常不同意	不同意	有点不同意	中立	有点同意	同意	非常同意
3）我计划近期参与篮球赛事旅游	非常不同意	不同意	有点不同意	中立	有点同意	同意	非常同意

6.您的年龄

A．18~24岁

B．25~34岁

C．35~44岁

D．45~54岁

E．55~64岁

F．65岁及以上

7.您的性别

A．男

B．女

8.受教育程度

A．初中及以下

B．中专或高中

C．大专

D．本科

E. 研究生及以上

9.个人每月可支配收入

A. 3 000元以下

B. 3 000~4 999元

C. 5 000~6 999元

D. 7 000~8 999元

E. 9 000元及以上

附录2：滑雪体育旅游调查问卷

1.您是否参与过滑雪体育旅游，即为了参加滑雪运动而到其他地方旅游？

A.是

B.否

2.您常为了参与哪种/哪几种滑雪运动而旅游？_____

3.除疫情影响外，您平均每年参与滑雪体育旅游的频率是？

A.0次

B.1~2次

C.3~5次

D.5次以上

4.请根据下列参与滑雪体育旅游的描述，选择最符合您的一项。

	1	2	3	4	5	6	5
1）参与滑雪体育旅游是最让我有满足感的事情之一	非常不同意	不同意	有点不同意	中立	有点同意	同意	非常同意
2）我非常享受参与滑雪体育旅游的过程	非常不同意	不同意	有点不同意	中立	有点同意	同意	非常同意
3）和其他活动相比，我认为滑雪体育旅游非常有趣	非常不同意	不同意	有点不同意	中立	有点同意	同意	非常同意
4）我的业余生活很大程度上是围绕着滑雪体育旅游展开的	非常不同意	不同意	有点不同意	中立	有点同意	同意	非常同意
5）滑雪体育旅游在我的生活中占据着核心地位	非常不同意	不同意	有点不同意	中立	有点同意	同意	非常同意
6）我的大部分业余时间安排都围绕着滑雪体育旅游展开	非常不同意	不同意	有点不同意	中立	有点同意	同意	非常同意
7）参与滑雪体育旅游能展示我的个性	非常不同意	不同意	有点不同意	中立	有点同意	同意	非常同意
8）当我参与滑雪体育旅游的时候，我能感受到真实的自我	非常不同意	不同意	有点不同意	中立	有点同意	同意	非常同意
9）滑雪体育旅游是我生活的一部分	非常不同意	不同意	有点不同意	中立	有点同意	同意	非常同意

5.请根据下列对滑雪体育旅游潜在风险的感知描述，选择最符合您的一项。

	1	2	3	4	5	6	7
	非常不同意	不同意	有点不同意	中立	有点同意	同意	非常同意
1）担心参与滑雪体育旅游的价格超出我的预期	非常不同意	不同意	有点不同意	中立	有点同意	同意	非常同意
2）担心会有很多附加收费项目（如：教练/设备）	非常不同意	不同意	有点不同意	中立	有点同意	同意	非常同意
3）担心会有超出预期的额外花销（如：防疫隔离等）	非常不同意	不同意	有点不同意	中立	有点同意	同意	非常同意
4）担心滑雪体育旅游会占用太多时间	非常不同意	不同意	有点不同意	中立	有点同意	同意	非常同意
5）担心参与滑雪体育旅游会耽误我的时间	非常不同意	不同意	有点不同意	中立	有点同意	同意	非常同意
6）担心参与滑雪体育旅游会浪费时间	非常不同意	不同意	有点不同意	中立	有点同意	同意	非常同意
7）参与滑雪体育旅游会让朋友认为我在炫耀	非常不同意	不同意	有点不同意	中立	有点同意	同意	非常同意
8）亲朋好友不赞成我参与滑雪体育旅游	非常不同意	不同意	有点不同意	中立	有点同意	同意	非常同意
9）参与滑雪体育旅游会使他人对我产生负面的看法	非常不同意	不同意	有点不同意	中立	有点同意	同意	非常同意
10）想到要参与滑雪体育旅游，我感到紧张不安	非常不同意	不同意	有点不同意	中立	有点同意	同意	非常同意
11）想到要参与滑雪体育旅游，我感到焦虑	非常不同意	不同意	有点不同意	中立	有点同意	同意	非常同意
12）想到要参与滑雪体育旅游，我感到很有压力	非常不同意	不同意	有点不同意	中立	有点同意	同意	非常同意

	1	2	3	4	5	6	7
	非常不同意	不同意	有点不同意	中立	有点同意	同意	非常同意
13）参与过程中我会忧心忡忡，担心意外发生	非常不同意	不同意	有点不同意	中立	有点同意	同意	非常同意
14）担心目的地接待能力不足，无法保证服务质量	非常不同意	不同意	有点不同意	中立	有点同意	同意	非常同意
15）担心滑雪运动和服务的体验不尽如人意	非常不同意	不同意	有点不同意	中立	有点同意	同意	非常同意
16）担心由于疫情相关原因，导致目的地服务质量下降	非常不同意	不同意	有点不同意	中立	有点同意	同意	非常同意
17）担心交通工具是否安全	非常不同意	不同意	有点不同意	中立	有点同意	同意	非常同意
18）担心娱乐设施是否安全	非常不同意	不同意	有点不同意	中立	有点同意	同意	非常同意
19）担心场地设备是否安全	非常不同意	不同意	有点不同意	中立	有点同意	同意	非常同意
20）我认为滑雪运动的安全性较低	非常不同意	不同意	有点不同意	中立	有点同意	同意	非常同意
21）参与滑雪运动可能会损害我的健康	非常不同意	不同意	有点不同意	中立	有点同意	同意	非常同意
22）参与滑雪运动很容易受伤	非常不同意	不同意	有点不同意	中立	有点同意	同意	非常同意
23）参与滑雪运动对我的家人而言比较危险	非常不同意	不同意	有点不同意	中立	有点同意	同意	非常同意
24）可能会在旅行过程中感染疾病	非常不同意	不同意	有点不同意	中立	有点同意	同意	非常同意
25）旅程中可能会遇到极端天气或自然灾害	非常不同意	不同意	有点不同意	中立	有点同意	同意	非常同意

6.请根据下列关于阻碍您参与滑雪体育旅游的因素描述，选择最符合您的一项。

	1	2	3	4	5	6	7
	非常不同意	不同意	有点不同意	中立	有点同意	同意	非常同意
1）没有合适的同伴	非常不同意	不同意	有点不同意	中立	有点同意	同意	非常同意
2）独自参与滑雪体育旅游很无趣	非常不同意	不同意	有点不同意	中立	有点同意	同意	非常同意
3）家人或朋友没有兴趣参与	非常不同意	不同意	有点不同意	中立	有点同意	同意	非常同意
4）家人或朋友没有时间一同参与	非常不同意	不同意	有点不同意	中立	有点同意	同意	非常同意
5）参与滑雪体育旅游活动令我感到身体不适	非常不同意	不同意	有点不同意	中立	有点同意	同意	非常同意
6）参与滑雪体育旅游不能令我放松	非常不同意	不同意	有点不同意	中立	有点同意	同意	非常同意
7）对滑雪体育旅游的了解有限	非常不同意	不同意	有点不同意	中立	有点同意	同意	非常同意
8）对滑雪体育旅游缺乏兴趣	非常不同意	不同意	有点不同意	中立	有点同意	同意	非常同意
9）参与滑雪体育旅游有风险	非常不同意	不同意	有点不同意	中立	有点同意	同意	非常同意
10）参与滑雪体育旅游对体能要求过高	非常不同意	不同意	有点不同意	中立	有点同意	同意	非常同意
11）参与滑雪体育旅游开销过大	非常不同意	不同意	有点不同意	中立	有点同意	同意	非常同意
12）没有时间参与	非常不同意	不同意	有点不同意	中立	有点同意	同意	非常同意
13）需要照顾家庭难以抽身	非常不同意	不同意	有点不同意	中立	有点同意	同意	非常同意
14）工作/学习繁忙，难以抽身	非常不同意	不同意	有点不同意	中立	有点同意	同意	非常同意

7.请根据下列参与滑雪体育旅游的意向描述，选择最符合您的一项。

	1	2	3	4	5	6	7
1）我参与滑雪体育旅游的意愿很强烈	非常不同意	不同意	有点不同意	中立	有点同意	同意	非常同意
2）如果计划出游，我会考虑滑雪体育旅游	非常不同意	不同意	有点不同意	中立	有点同意	同意	非常同意
3）我计划不久后进行滑雪体育旅游	非常不同意	不同意	有点不同意	中立	有点同意	同意	非常同意

8.对于主办方提供的以下条件，请根据促使您参与滑雪体育旅游的程度为它们排序。

A.2人同行1人免票

B.体育明星的签名合影机会

C.参加滑雪运动训练营费用优惠

D.滑雪运动场地附近酒店订房优惠

E.免费的滑雪运动体验课

F.购买团体票可享优惠价

9.您的性别

A.男

B.女

10.您的年龄

A.18~22岁

B.23~32岁

C.33~42岁

D.43~52岁

E.53~62岁

F.63岁及以上

11.受教育程度

A.初中及以下

B.中专/高中

C.大专

D.本科

E.研究生及以上

12.婚姻状况

A.未婚

B.已婚未育

C.已婚，子女未成年

D.已婚，子女已成年

E.离婚

F.丧偶

13.职业

A.学生

B.兼职工作

C.全职工作

D.退休

E.其他

14.您的月收入

A.5 000元及以下

B.5 001~10 000元

C.10 001~15 000元

D.15 001~20 000元

E.20 000元以上

15.您每年用于休闲旅游的总花费大约是多少？

A.1 000元以下

B.1 001~2 000元

C.2 001~3000元

D.3 001~4 000元

E.4 000元以上

后记

　　本书的顺利出版得益于多方的支持和帮助。本书是基于辽宁省教育厅人文社会科学研究项目"疫后复苏时期辽宁省休闲体育旅游市场的培育路径研究"（编号：LN2020Q18）和辽宁省经济社会发展研究课题"基于心理发展图谱的体育赛事旅游市场培育路径研究"（编号：2021lslqnkt-013）做出的研究成果，在此感谢辽宁省教育厅和辽宁省社会科学界联合会对研究的资金支持。

　　同时，感谢团队成员陈楠、黄敏峰、曲毅、王胜男、张宇飞等老师在研究过程中所做的大量工作；感谢冯月昕、冯滢宇、张馨予、张津瑞、于越、周旭阳、丁灏闻、郝时雨等同学在整理资料和收集数据方面做出的贡献；感谢协助发放问卷的球队、俱乐部等团体的大力支持；感谢接受访谈和填写问卷的参与者为研究提供了宝贵的数据；感谢东北财经大学出版社李季、刘东威和吉扬老师在编辑和出版过程中给予的细致指导和耐心帮助。虽然书稿经过多次修改和审校，但难免还会有疏漏和不足之处，恳请广大读者不吝赐教，给予指正，在此表示诚挚的谢意。

石芳芳

2023 年 3 月